★ 이 책에 나오는 고사성어입니다.
읽고 뜻을 말해 보세요. 아는 고사성어에는 밑줄을 그어 보세요.

一字千金　作心三日　正正堂堂　一片丹心　三日天下　甲男乙女
九牛一毛　九尺長身　氷山一角　三水甲山　水魚之交　才子佳人
天干地支　他山之石　八方美人　一心同體　一字無識　以心傳心
一罰百戒　是是非非　三尺童子　烏合之卒　一日如三秋　三昧境
四柱八字　南男北女　五十步百步　似而非　漁夫之利　張三李四
月下老人　自手成家　鳥足之血　朝三暮四　知行合一　竹馬故友
天生緣分　天長地久　靑天白日　兄友弟恭　虎視眈眈　酒池肉林
知彼知己百戰不殆　針小棒大　天佑神助　和而不同　敗家亡身
破竹之勢　仁者無敵　一葉片舟　老馬之智　四書三經　男女有別
起死回生　三綱五倫　甘言利說　見物生心　犬馬之勞　結者解之
空山明月　權不十年　固執不通　四分五裂　苦肉之策　刮目相對
骨肉相爭　金石盟約　巧言令色　高枕安眠　醉生夢死　天高馬肥
七顚八起　天方地軸　千篇一律　易地思之　緣木求魚　世俗五戒
四通八達　千載一遇　四面楚歌　士農工商　百聞不如一見　不惑
士氣衝天　氷炭之間　不肖小子　門前成市　文房四友　不可抗力
刎頸之交　武陵桃源　不可思議　傍若無人　白眉　孟母三遷之敎
白面書生　百年偕老　父傳子傳　附和雷同　背水陣　矛盾　登龍門　杜門不出　同床異夢　萬全之策　馬耳東風　莫上莫下　萬古江山　物外閑人　大同小異　男尊女卑　莫逆之友　聞一知十　百年之客　白衣從軍　百折不屈　百年河淸　百發百中　伯仲之勢

百尺竿頭	輔國安民	富貴在天	不問曲直	不遠千里	明鏡止水
名實相符	燈下不明	燈火可親	無知莫知	同病相憐	論功行賞
勞心焦思	怒發大發	多多益善	單刀直入	殺身成仁	大器晚成
落花流水	苛斂誅求	佳人薄命	刻舟求劍	感之德之	甘呑苦吐
甲論乙駁	隔世之感	見金如石	結草報恩	曲學阿世	空中樓閣
戰戰兢兢	過猶不及	管鮑之交	落張不入	沙上樓閣	吳越同舟
溫故知新	人面獸心	梁上君子	弱肉強食	羊頭狗肉	魚東肉西
五里霧中	榮枯盛衰	實事求是	樂山樂水	一舉兩得	切齒腐心
絕世佳人	流言蜚語	自中之亂	諸子百家	朝令暮改	漸入佳境
適者生存	賊反荷杖	一波萬波	立身揚名	一場春夢	事必歸正
衆口難防	進退維谷	滄海一粟	寸鐵殺人	泰然自若	好事多魔
鶴首苦待	咸興差使	螢雪之功	糊口之策	浩然之氣	惑世誣民
千衣無縫	有備無患	危機一髮	臥薪嘗膽	龍頭蛇尾	一瀉千里
牛耳讀經	識字憂患	三顧草廬	暗中摸索	阿鼻叫喚	死生有命
森羅萬象	袖手傍觀	四顧無親	黨同伐異	拔本塞源	夫唱婦隨
內憂外患	獨不將軍	梅蘭菊竹	萬事休矣	難兄難弟	改過遷善
去頭截尾	敬遠 鷄肋	古稀 杞憂	群鷄一鶴	勸善懲惡	捲土重來
近墨者黑	錦上添花	群雄割據	冠婚喪祭	膏梁珍味	矯角殺牛
難攻不落	累卵之危	萬壽無疆	不俱戴天之讐	反骨	不撤晝夜
紗帽冠帶	桑田碧海	塞翁之馬	脣亡齒寒	泣斬馬謖	
一刀兩斷	日就月將	自家撞着	轉禍爲福	表裏不同	靑出於藍
虛張聲勢	畵龍點睛	換骨奪胎	厚顏無恥		

● 색깔 있는 한자 공부

꼭 시험에 나오는 고사성어
故事成語
한자 쓰기

지식서관

꼭 시험에 나오는 고사 성어
한자 쓰기

펴낸이/이홍식
발행처/도서출판 지식서관
등록/1990.11.21 제96호
경기도 고양시 덕양구 고양동 31-38
전화/031)969-9311(대)
팩시밀리/031)969-9313
e-mail / jisiksa@hanmail.net

초판 1쇄 발행일/2007년 1월 27일
초판 9쇄 발행일/2022년 4월 25일

머리말

　이 책은 포켓용으로 출판된 것이었으나 독자들의 뜨거운 성원으로 한자쓰기로 거듭 출판되었습니다. 이 한 권으로 쓰기도 같이 할 수 있으므로 잘 활용하여 빠르고 쉽게 한자와 고사 성어를 숙지하기 바랍니다.

　고사 성어를 배우면서 한자를 깊이 있게 공부할 수 있도록 구성해 놓았기 때문에 꾸준히 읽고 써 보면 자신도 모르는 사이에 한자 실력과 한 단계 업그레이드된 교양이 몸에 배게 될 것입니다.

　고사(古事)란 옛날에 있었던 이야기나 사건이며, 고사(古事)에서 비롯된 성어(成語)를 고사 성어(故事成語)라고 합니다.

　고사 성어는 대개 중국의 고전을 출전으로 합니다만, 모든 고사 성어가 다 중국에서 나온 것은 아니며, 우리 나라에서 자생한 신토불이 고사 성어도 있습니다. 이런 것들은 주로 역사적 사건에서 유래한 것과 속담에서 연유한 것으로 볼 수 있습니다.

　자주 들어 보는 어부지리(漁父之利)·새옹지마(塞翁之馬)·함흥차사(咸興差使)·기우(杞憂) 등 우리 생활에서 고사 성어는 강연·대화·논문·소설 속에 약방의 감초처럼 훌륭한 표현 수단으로 많이 사용되고 있습니다.

　그러나 흔히 사용하는 고사 성어를 이해하지 못하면 기본 상식도 모른다는 창피를 당하기도 합니다. 그러므로 좀더 적극적으로 고사 성어를 익혀서 실생활에 활용하는 노력이 필요하다고 생각합니다.

　수천 년 동안 우리의 조상들이 사용해 온 고사 성어를 우리 생활에서 잘 사용하면 아주 훌륭한 표현 수단이 됩니다. 고사 성어를 적절히 인용하면 글의 무게도 더해지고 자신의 인격은 물론, 효과적으로 의미를 전달할 수 있습니다.

　모쪼록 이 책이 여러분에게 유익하게 활용되기를 바랍니다.

찾아보기

가렴주구	146	苛斂誅求
가인박명	147	佳人薄命
각주구검	148	刻舟求劍
감언이설	67	甘言利說
감지덕지	149	感之德之
감탄고토	150	甘吞苦吐
갑남을녀	16	甲男乙女
갑론을박	151	甲論乙駁
개과천선	22	改過遷善
거두절미	223	去頭截尾
격세지감	152	隔世之感
견금여석	153	見金如石
견마지로	69	犬馬之勞
견물생심	68	見物生心
결자해지	70	結者解之
결초보은	154	結草報恩
경원	238	敬遠
계륵	224	鷄肋
고량진미	233	膏粱珍味
고육지책	75	苦肉之策
고집불통	73	固執不通
고침안면	80	高枕安眠
고희	225	古稀
곡학아세	155	曲學阿世
골육상쟁	77	骨肉相爭
공산명월	71	空山明月
공중누각	11	空中樓閣
과유불급	11	過猶不及
관포지교	159	管鮑之交
관혼상제	232	冠婚喪祭
괄목상대	76	刮目相對
교각살우	234	矯角殺牛
교언영색	79	巧言令色
구우일모	17	九牛一毛
구척장신	18	九尺長身
군계일학	226	群鷄一鶴
군웅할거	231	群雄割據
권불십년	72	權不十年
권선징악	227	勸善懲惡
권토중래	228	捲土重來
근묵자흑	229	近墨者黑
금상첨화	230	錦上添花
금석맹약	78	金石盟約
기사회생	65	起死回生
기우	225	杞憂

ㄴ……

낙장불입	160	落張不入
낙화유수	145	落花流水
난공불락	235	難攻不落
난형난제	221	難兄難弟
남남북녀	38	南男北女
남녀유별	64	男女有別
남존여비	118	男尊女卑
내우외환	217	內憂外患
노마지지	62	老馬之智
노발대발	140	怒發大發
노심초사	139	勞心焦思
농공행상	138	論功行賞
누란지위	236	累卵之危

ㄷ……

다다익선	141	多多益善
단도직입	142	單刀直入
당동벌이	214	黨同伐異
대기만성	144	大器晚成
대동소이	117	大同小異
독불장군	218	獨不將軍
동병상련	137	同病相憐
동상이몽	111	同床異夢
두문불출	110	杜門不出
등용문	109	登龍門
등하불명	134	燈下不明
등화가친	135	燈火可親

ㅁ……

마이동풍	113	馬耳東風
막상막하	114	莫上莫下
막역지우	119	莫逆之友
만고강산	115	萬古江山

만사휴의	220	萬事休矣
만수무강	237	萬壽無疆
만전지책	112	萬全之策
매란국죽	219	梅蘭菊竹
명경지수	132	明鏡止水
명실상부	133	名實相符
모순	224	矛盾
무릉도원	100	武陵桃源
무지막지	136	無知莫知
문경지교	99	刎頸之交
문방사우	97	文房四友
문일지십	120	聞一知十
문전성시	96	門前成市
물외한인	116	物外閑人

ㅂ……

반골	238	反骨
발본색원	215	拔本塞源
방약무인	102	傍若無人
배수진	108	背水陣
백면서생	104	白面書生
백년지객	121	百年之客
백년하청	124	百年河清
백년해로	105	百年偕老
백미	103	白眉
백발백중	125	百發百中
백의종군	122	白衣從軍
백절불굴	123	百折不屈
백중지세	126	伯仲之勢
백척간두	127	百尺竿頭
보국안민	128	輔國安民
부귀재천	129	富貴在天
부전자전	106	父傳子傳

부창부수	216	夫唱婦隨
부화뇌동	107	附和雷同
불가사의	101	不可思議
불가항력	98	不可抗力
불문곡직	130	不問曲直
불원천리	131	不遠千里
불철주야	239	不撤晝夜
불초소자	95	不肖小子
불혹	103	不惑
빙산일각	19	氷山一角
빙탄지간	94	氷炭之間

ㅅ……

사고무친	213	四顧無親
사기충천	93	士氣衝天
사농공상	92	士農工商
사면초가	91	四面楚歌
사모관대	240	紗帽冠帶
사분오열	74	四分五裂
사상누각	161	沙上樓閣
사생유명	210	死生有命
사서삼경	63	四書三經
사이비	37	似而非
사주팔자	33	四柱八字
사통팔달	89	四通八達
사필귀정	186	事必歸正
살신성인	143	殺身成仁
삼강오륜	66	三綱五倫
삼고초려	207	三顧草廬
삼라만상	211	森羅萬象
삼매경	35	三昧境
삼수갑산	20	三水甲山
삼일천하	15	三日天下

삼척동자	31	三尺童子
상전벽해	241	桑田碧海
새옹지마	242	塞翁之馬
세속오계	88	世俗五戒
수수방관	212	袖手傍觀
수어지교	21	水魚之交
순망치한	243	脣亡齒寒
시시비비	30	是是非非
식자우환	206	識字憂患
실사구시	171	實事求是

ㅇ……

아비규환	209	阿鼻叫喚
암중모색	208	暗中摸索
약육강식	166	弱肉强食
양두구육	167	羊頭狗肉
양상군자	165	梁上君子
어동육서	168	魚東肉西
어부지리	39	漁夫之利
역지사지	86	易地思之
연목구어	87	緣木求魚
영고성쇠	170	榮枯盛衰
오리무중	169	五里霧中
오십보백보	36	五十步百步
오월동주	162	吳越同舟
오합지졸	32	烏合之卒
온고지신	163	溫故知新
와신상담	202	臥薪嘗膽
요산요수	172	樂山樂水
용두사미	203	龍頭蛇尾
우이독경	205	牛耳讀經
월하노인	41	月下老人
위기일발	201	危機一髮

유비무환	200	有備無患
유언비어	176	流言蜚語
읍참마속	244	泣斬馬謖
이심전심	28	以心傳心
인면수심	164	人面獸心
인자무적	60	仁者無敵
일거양득	173	一擧兩得
일도양단	245	一刀兩斷
일벌백계	29	一罰百戒
일사천리	204	一瀉千里
일심동체	26	一心同體
일엽편주	61	一葉片舟
일일여삼추	34	一日如三秋
일자무식	27	一字無識
일자천금	11	一字千金
일장춘몽	185	一場春夢
일취월장	246	日就月將
일파만파	183	一波萬波
일편단심	14	一片丹心
입신양명	184	立身揚名

ㅈ……

자가당착	247	自家撞着
자수성가	42	自手成家
자중지란	177	自中之亂
작심삼일	12	作心三日
장삼이사	40	張三李四
재자가인	22	才子佳人
적반하장	182	賊反荷杖
적자생존	181	適者生存
전전긍긍	157	戰戰兢兢

전화위복	248	轉禍爲福
절세가인	175	絶世佳人
절치부심	174	切齒腐心
점입가경	180	漸入佳境
정정당당	13	正正堂堂
제자백가	178	諸子百家
조령모개	179	朝令暮改
조삼모사	44	朝三暮四
조족지혈	43	鳥足之血
주지육림	52	酒池肉林
죽마고우	46	竹馬故友
중구난방	187	衆口難防
지피지기	54	知彼知己
백전불태		百戰不殆
지행합일	45	知行合一
진퇴유곡	188	進退維谷

ㅊ……

창해일속	189	滄海一粟
천간지지	23	天干地支
천고마비	82	天高馬肥
천방지축	84	天方地軸
천생연분	47	天生緣分
천우신조	56	天佑神助
천의무봉	199	天衣無縫
천장지구	48	天長地久
천재일우	90	千載一遇
천편일률	85	千篇一律
청천백일	49	靑天白日
청출어람	250	靑出於藍
촌철살인	190	寸鐵殺人

취생몽사	81	醉生夢死
칠전팔기	83	七顚八起
침소봉대	53	針小棒大

ㅌ……

타산지석	24	他山之石
태연자약	191	泰然自若

ㅍ……

파죽지세	59	破竹之勢
팔방미인	25	八方美人
패가망신	58	敗家亡身
표리부동	249	表裏不同

ㅎ……

학수고대	193	鶴首苦待
함흥차사	194	咸興差使
허장성세	251	虛張聲勢
형설지공	195	螢雪之功
형우제공	50	兄友弟恭
호구지책	196	糊口之策
호사다마	192	好事多魔
호시탐탐	51	虎視眈眈
호연지기	197	浩然之氣
혹세무민	198	惑世誣民
화룡점정	252	畵龍點睛
화이부동	57	和而不同
환골탈태	253	換骨奪胎
후안무치	254	厚顔無恥

한자를 바르게 쓰는 방법(필순의 원칙)

1. 왼쪽으로부터 오른쪽 방향으로 쓴다.
   예: 川 川 川   心 心 心 心

2. 위에서부터 아래 방향으로 쓴다.
   예: 三 三 三   羊 羊 羊 羊 羊 羊

3. 가로획과 세로획이 교차할 때는 가로획을 먼저 쓴다.
   예: 十 十   士 士 士

4. 좌우 대칭을 이루는 글자는 가운데를 먼저 쓴다.
   예: 水 水 水 水   小 小 小

5. 글자 안에 글자가 있는 경우에는 바깥부터 쓴다.
   예: 同 同 同 同 同
       問 問 問 問 問 問 問 問 問

한자를 바르게 쓰는 방법(필순의 원칙)

6. 글자 전체를 상하 좌우에서 꿰뚫는 획은 맨 나중에 쓴다.
   예: 中 中 中 中   女 女 女

7. 삐침과 파임이 만날 때는 삐침을 먼저 쓴다.
   예: 人 人   文 文 文 文

8. 오른쪽 위의 점은 맨 나중에 찍는다.
   예: 大 大 大 犬   代 代 代 代 代

9. 走, 是 받침은 먼저 쓴다.
   예: 起 起 起 起 起 起 起 起 起 起
        題 題 題 題 題 題 題 題 題 題

10. 廴, 辶 받침은 맨 나중에 쓴다.
    예: 延 延 延 延 延 延
         道 道 道 道 道 道 道 道 道

일자천금	一字千金

8급	7급	7급	8급
一	字	千	金
한 일	글자 자	일천 천	쇠 금
一	字字字字字字	千千千	金金金金金金金金

뜻 몹시 훌륭한 글씨나 문장을 이르는 말.
주해 한 글자(一字)마다 千金만큼의 가치가 있음. 심금을 울리는 아주 빼어난 글이란 뜻으로 쓰인다. '말 한 마디로 천냥 빚을 갚는다'는 속담과 일맥상통(一脈相通)한다.

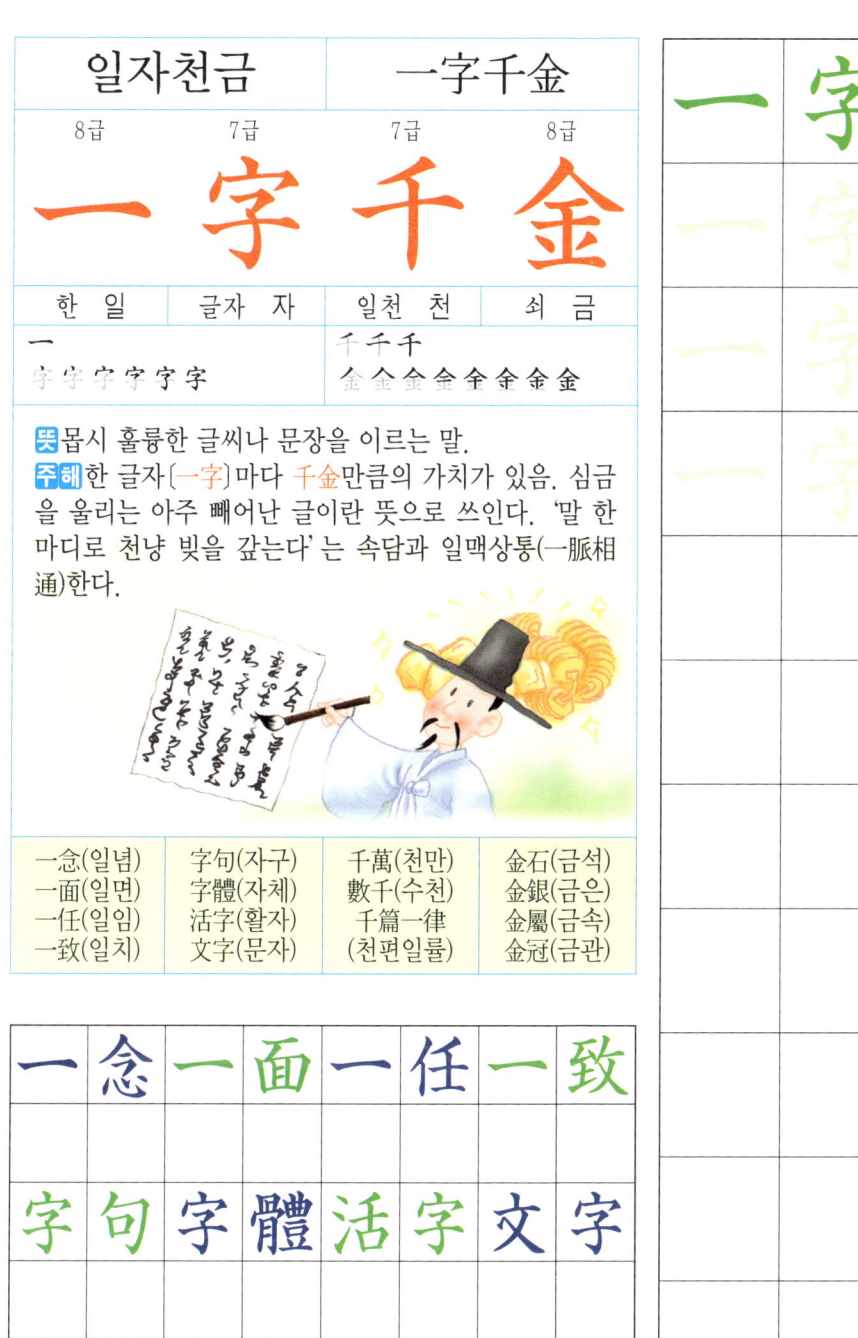

一念(일념)	字句(자구)	千萬(천만)	金石(금석)
一面(일면)	字體(자체)	數千(수천)	金銀(금은)
一任(일임)	活字(활자)	千篇一律	金屬(금속)
一致(일치)	文字(문자)	(천편일률)	金冠(금관)

一念 一面 一任 一致

字句 字體 活字 文字

千萬 數千 千篇 一律

金石 金銀 金屬 金冠

一字千金

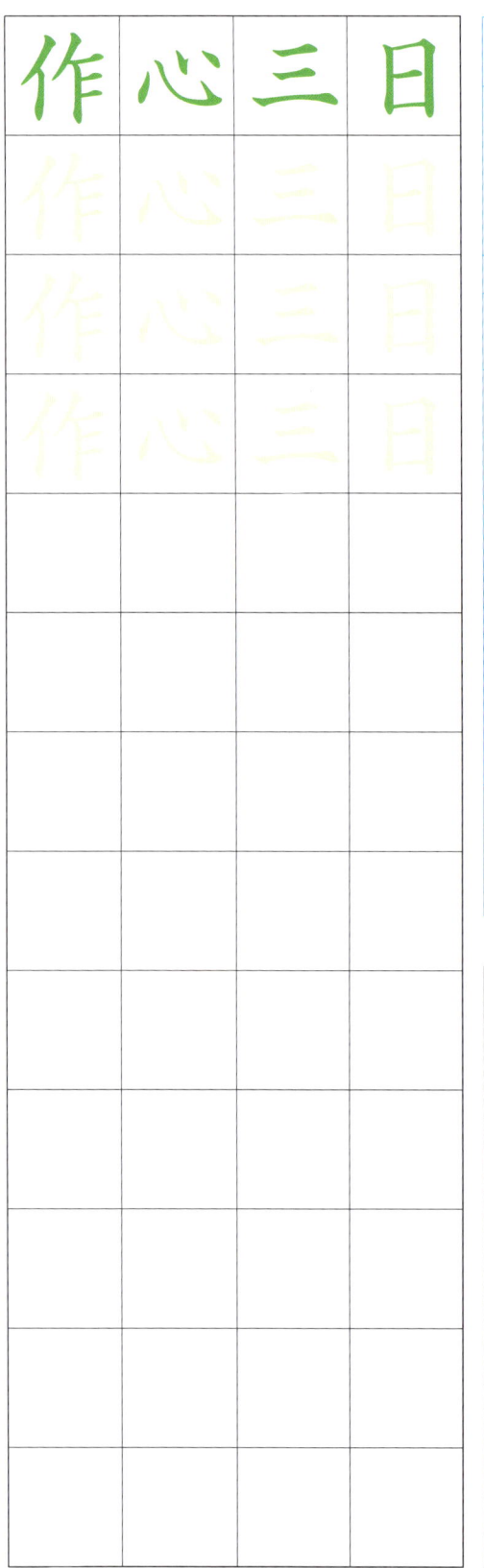

작심삼일	作心三日

6급	7급	8급	8급

作 心 三 日

지을 작	마음 심	석 삼	날 일
作作作作作作作		二三三	
心心心心		日冂月日	

뜻 한 번 결심한 것이 사흘을 이어지지 않음. 곧 결심이 약함을 이르는 말.

주해 '마음먹은〔作心〕 것이 삼일〔三日〕을 못 넘긴다'는 뜻으로, 결심이 얼마 되지 않아 흐지부지 된다는 말이다.

作法(작법)	心腸(심장)	三唱(삼창)	日記(일기)
作曲(작곡)	心象(심상)	三世(삼세)	日當(일당)
作詞(작사)	心肺(심폐)	三層(삼층)	日沒(일몰)
作文(작문)	心火(심화)	三段(삼단)	日出(일출)

作	法	作	曲	作	詞	作	文
心	腸	心	象	心	肺	心	火
三	唱	三	世	三	層	三	段
日	記	日	當	日	沒	日	出

정정당당	正正堂堂
7급　　7급	6급　　6급

正正堂堂

바를 정	바를 정	떳떳할 당	떳떳할 당
正正正正正 正正正正正		堂堂堂堂堂堂堂堂堂堂 堂堂堂堂堂堂堂堂堂堂	

뜻 정당하고 떳떳하다는 뜻. 바르고 정연하며 기세가 당당한 모양을 말함.

주해 正正堂堂에서 正正은 사물이 가지런한 모양이고, 堂堂은 사물이 우뚝 솟아난 모양을 뜻한다.

正當(정당)	正月(정월)	堂山(당산)	堂主(당주)
正直(정직)	正義(정의)	書堂(서당)	法堂(법당)
正統(정통)	子正(자정)	學堂(학당)	神堂(신당)
正確(정확)	午正(오정)	食堂(식당)	會堂(회당)

正當　正直　正統　正確

正月　正義　子正　午正

堂山　書堂　學堂　食堂

堂主　法堂　神堂　會堂

正正堂堂

일편단심	一片丹心
8급　　　3급Ⅱ	3급Ⅱ　　　7급

一 片 丹 心

한 일	조각 편	붉을 단	마음 심
一	丿 𠂉 片 片	丿 丌 丹 丹	心 心 心 心

뜻 참되고 정성 어린 마음, '참된 충성이나 정성'을 일컫는 말이다.
예 임 향한 一片丹心이야 가실 줄이 있으랴.
주해 '한 조각[一片]의 붉은 마음[丹心]'이라는 뜻으로 임금이나 사랑하는 님에 대한 변치 않는 마음을 나타낸다.

一走(일주)	片舟(편주)	丹靑(단청)	心事(심사)
一顆(일과)	片片(편편)	丹心(단심)	一心(일심)
一生(일생)	一片丹心	朱丹(주단)	變心(변심)
一回(일회)	(일편단심)		操心(조심)

一走 一顆 一生 一回

片舟 片片 一片丹心

丹靑 丹心 朱丹

心事 一心 變心 操心

삼일천하	三日天下
8급 8급	7급 7급

三日天下

석 삼	날 일	하늘 천	아래 하
一二三	日日日日	天天天天	下下下

뜻 아주 짧은 기간의 집권을 비유하는 말로, 잠깐 정권을 잡았다가 곧 물러나게 됨을 이르는 말.

주해 갑신정변(甲申政變) 때, 정권을 잡은 개화당이 三日 만에 실각한 일을 이르는 말이다.

三道(삼도)	日課(일과)	天空(천공)	下人(하인)
三中(삼중)	日光(일광)	天上(천상)	下水(하수)
朝三暮四	日給(일급)	天主(천주)	下層(하층)
(조삼모사)	日蝕(일식)	天使(천사)	下半期(하반기)

三道 三中 朝三暮四

日課 日光 日給 日蝕

天空 天上 天主 天使

下水 下層 下半期

三日天下

갑남을녀	甲男乙女
4급　　　7급	3급Ⅱ　　　8급

甲男乙女

첫째 천간 갑	사내 남	둘째 천간 을	계집 녀
甲甲甲甲甲	男男男男男男男	乙	女女女

뜻 신분이나 이름이 특별히 알려지지 않은 보통의 평범한 사람들을 가리킨다.

주해 '甲이란 男子와 乙이란 女子'의 뜻으로, 특별하지 않은 보통의 평범한 사람을 뜻한다. 비 선남선녀(善男善女). 장삼이사(張三李四). 필부필부(匹夫匹婦).

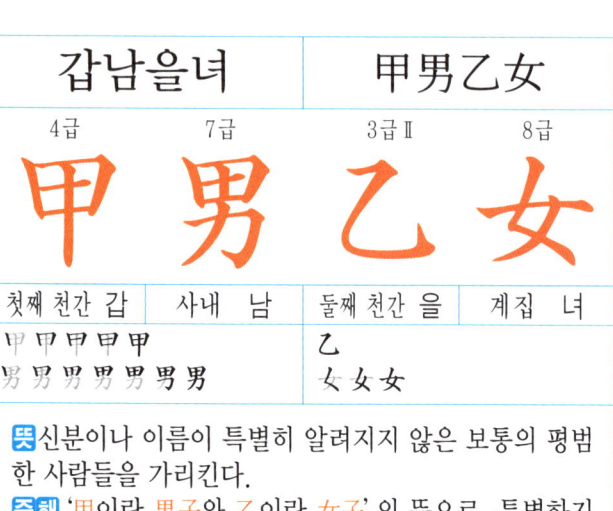

甲子(갑자)	男子(남자)	甲論乙駁	女子(여자)
甲寅(갑인)	男便(남편)	(갑론을박)	女性(여성)
回甲(회갑)	男性(남성)	乙巳條約	女人(여인)
環甲(환갑)	男女(남녀)	(을사조약)	女王(여왕)

구우일모	九牛一毛
8급　5급	8급　4급Ⅱ

九 牛 一 毛

아홉 구	소 우	한 일	털 모
九九	牛牛牛牛	一	毛毛毛毛

뜻 많은 것 중에 가장 적은 것을 이르는 말이다. 또는 아주 하찮고 미미한 존재를 뜻한다.
주해 '아홉 마리의 소〔九牛〕가운데서 뽑은 한 개의 (쇠)털〔一毛〕'이라는 뜻. **비** 창해일속(滄海一粟)

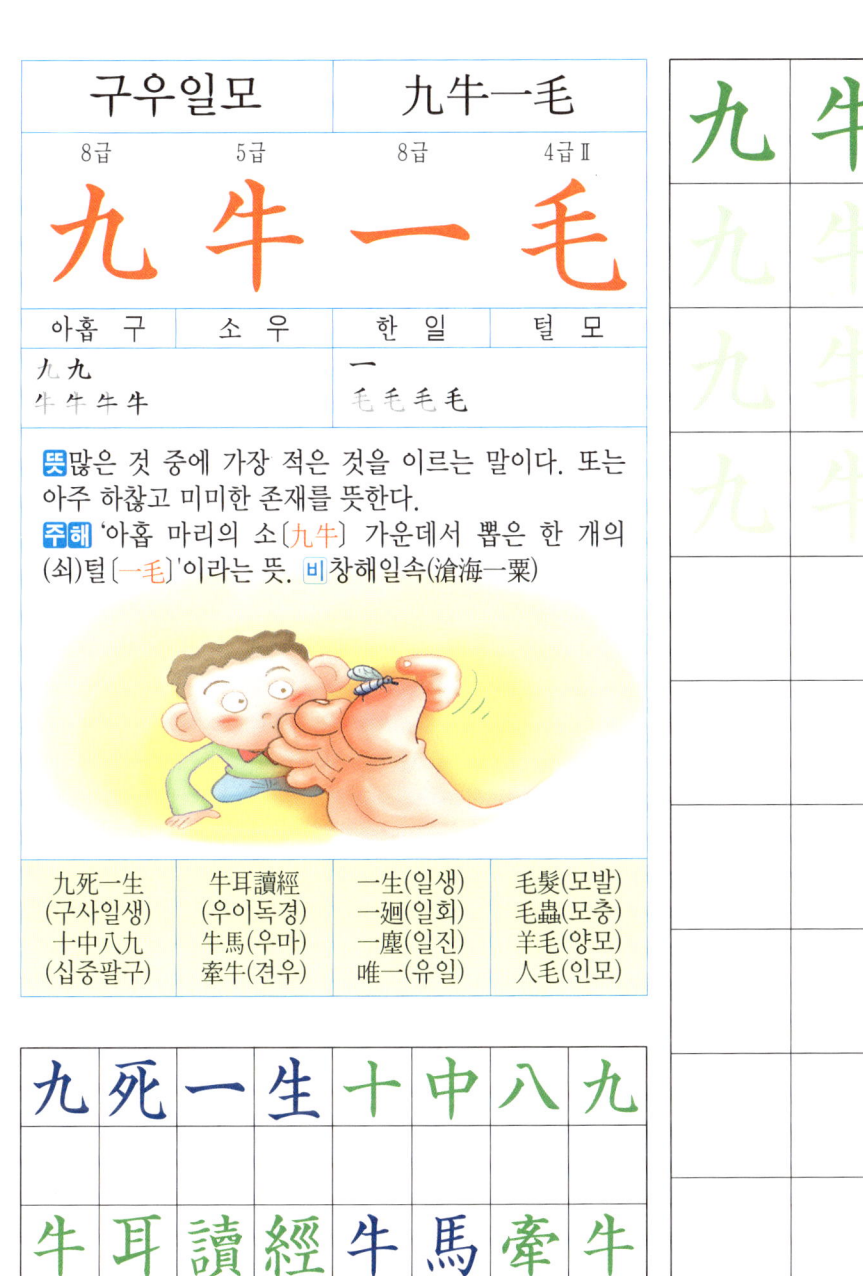

九死一生 (구사일생)	牛耳讀經 (우이독경)	一生(일생)	毛髮(모발)
十中八九 (십중팔구)	牛馬(우마)	一廻(일회)	毛蟲(모충)
	牽牛(견우)	一塵(일진)	羊毛(양모)
		唯一(유일)	人毛(인모)

九死一生　十中八九

牛耳讀經　牛馬　牽牛

一生　一廻　一塵　唯一

毛髮　毛蟲　羊毛　人毛

九牛一毛

구척장신	九尺長身
8급　　3급Ⅱ	8급　　6급

九 尺 長 身

아홉 구	자 척	길 장	몸 신

九九
尺尺尺尺

長長長長長長長
身身身身身身身

뜻 아주 큰 키나 또는 그러한 사람을 가리키는 말이다.
주해 九尺長身은 '아홉 자〔九尺〕나 되는 큰 키〔長身〕'라는 뜻으로, 매우 큰 키를 뜻함. **반** 삼척동자(三尺童子), 오척단신(五尺短身).

九曲肝腸	尺度(척도)	長身(장신)	身體(신체)
(구곡간장)	咫尺(지척)	長髮(장발)	長身(장신)
十中八九	*尺山尺水	長期(장기)	心身(심신)
(십중팔구)	(척산척수)	長短(장단)	肉身(육신)

*尺山尺水(척산척수): 높은 데서 멀리 바라볼 때, '조그맣게 보이는 산과 강'을 이르는 말.

九	曲	肝	腸	十	中	八	九
尺	度	咫	尺	尺	山	尺	水
長	身	長	髮	長	期	長	短
身	體	長	身	心	身	肉	身

빙산일각	氷山一角

5급 8급 8급 6급

氷 山 一 角

얼음 빙	메 산	한 일	모서리 각
氷氷氷氷氷	山山山	一	角角角角角角角

뜻 바람직하지 못한 일은 그 대부분이 숨겨져 있고, 외부로 나타나 있는 것은 극히 일부분에 지나지 않음을 비유한 말.

주해 얼음의 밀도는 0.9168g/㎤이므로 가벼워서, 수면 위에는 전체의 1/11밖에 떠오르지 않는 氷山이 물속에서는 매우 큰 부피를 가지고 있다.

氷水(빙수)	山寺(산사)	一角(일각)	角度(각도)
氷山(빙산)	山水(산수)	一走(일주)	角柱(각주)
氷板(빙판)	山勢(산세)	一顧(일고)	頭角(두각)
結氷(결빙)	山中(산중)	一毫(일호)	三角形(삼각형)

19

삼수갑산		三水甲山	
8급	8급	4급	8급

三水甲山

석 삼	물 수	첫째천간 갑	메 산
三三三	水水水水	甲甲甲甲甲	山山山

뜻 어떤 결심을 단단히 하는 문맥에서, 무릅쓰거나 각오해야 할 최악의 상황을 강조하여 이르는 말.
주해 조선 시대의 귀양지인 함경남도의 三水와 甲山 지방을 가리키는 말.
예 三水甲山을 가더라도 일단 먹고 볼 테야!

三權(삼권)	水泳(수영)	甲板(갑판)	山河(산하)
三千里(삼천리)	收沒(수몰)	還甲(환갑)	山頂(산정)
三三五五	水上(수상)	甲論乙駁	銅山(동산)
(삼삼오오)	水球(수구)	(갑론을박)	鑛山(광산)

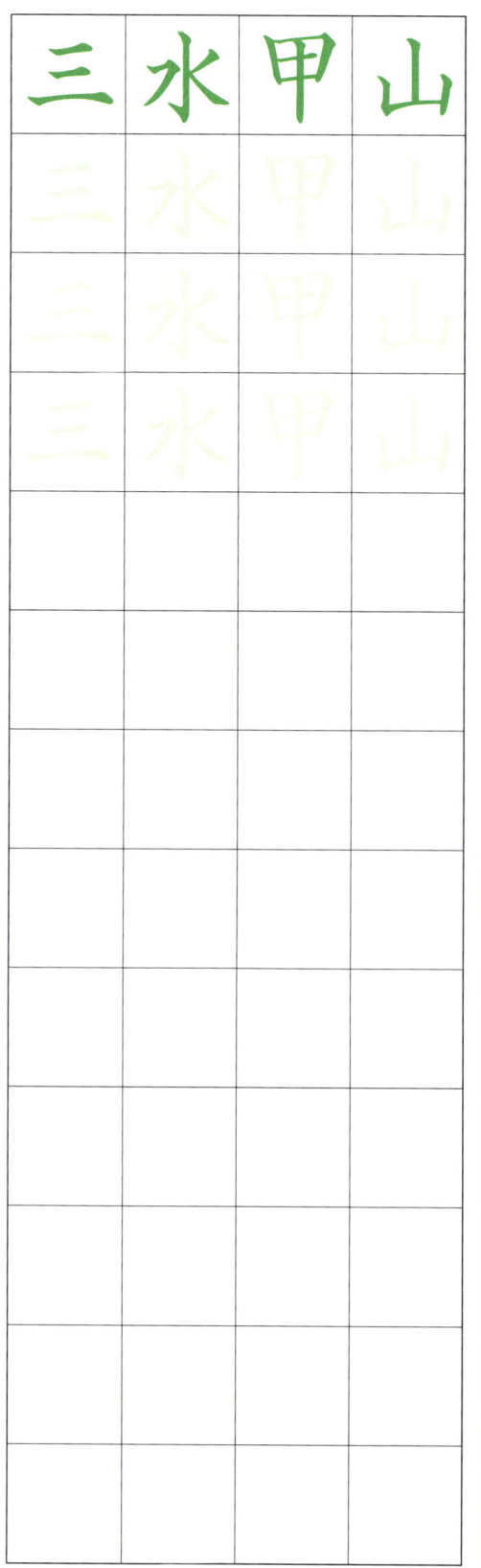

수어지교	水魚之交
8급　　　5급	3급Ⅱ　　　6급

水魚之交

물 수	물고기 어	어조사 지	사귈 교
水水水水	魚魚魚魚魚魚魚魚魚魚	之之之	交交交交交交

뜻 부부나 군신 관계처럼 서로 떨어질 수 없는 친밀한 사이를 이르는 말.

주해 '물〔水〕과 물고기〔魚〕의〔之〕 사귐〔交〕'이란 뜻으로, 유비가 제갈공명을 얻어 몹시 기뻐서 한 말. "내가 제갈공명을 얻은 것은 마치 물고기가 물을 얻은 것과 같다. 즉, 나와 제갈공명은 물고기와 물과 같은 사이다."

水車(수차)	漁夫(어부)	*之東之西	交際(교제)
水操(수조)	漁船(어선)	(지동지서)	交友(교우)
水耕(수경)	漁港(어항)	累卵之危	交遊(교유)
水精(수정)	人魚(인어)	(누란지위)	交換(교환)

*之東之西(지동지서):동으로 갔다 서로 갔다 함. 곧, 어떤 일에 주견 없이 왔다갔다 함.

水車	水操	水耕	水精
漁夫	漁船	漁港	人魚
之東	之西	累卵	之危
交際	交友	交遊	交換

재자가인	才子佳人
6급 7급	3급Ⅱ 8급

才 子 佳 人

재주 재	아들 자	아름다울 가	사람 인
一 十 才	子 了 子	佳 佳 佳 佳 佳 佳 佳 佳	人 人

뜻 재주 있는 젊은 남자와 아름다운 여자.
주해 才子라는 말은 학덕(學德) 있는 남자를 뜻하고, 佳人은 아름답고 재주가 빼어난 여자를 뜻한다. 이 두 말을 합친 才子佳人은 아름답고 빼어난 젊은 남녀를 말한다.

才人(재인)	子孫(자손)	佳客(가객)	人間(인간)
才氣(재기)	子女(자녀)	佳景(가경)	人情(인정)
天才(천재)	子婦(자부)	佳約(가약)	人事(인사)
鈍才(둔재)	王子(왕자)	佳作(가작)	人形(인형)

才人	才氣	天才	鈍才
子孫	子女	子婦	王子
佳客	佳景	佳約	佳作
人間	人情	人事	人形

천간지지 天干地支

天干地支

7급	4급	7급	4급Ⅱ
天	干	地	支
하늘 천	천간 간	땅 지	지지 지

뜻 10간(干)과 12지(支)를 뜻한다.

주해 天干이란 갑(甲)·을(乙)·병(丙)·정(丁)·무(戊)·기(己)·경(庚)·신(申)·임(壬)·계(癸)의 10간(干)을 말하며, 地支란, 자(子)·축(丑)·인(寅)·묘(卯)·진(辰)·사(巳)·오(午)·미(未)·신(申)·유(酉)·술(戌)·해(亥)의 12지(支)를 이르는 말이다.

天下(천하)	干戈(간과)	地上(지상)	支拂(지불)
天主(천주)	干求(간구)	地球(지구)	支持(지지)
天心(천심)	干納(간납)	地軸(지축)	支給(지급)
天民(천민)	干連(간련)	地圖(지도)	支出(지출)

天下 天主 天心 天民

干戈 干求 干納 干連

地上 地球 地軸 地圖

支拂 支持 支給 支出

타산지석	他山之石
5급　　　　8급	3급Ⅱ　　　　6급

他山之石

다를 타	메 산	어조사 지	돌 석
他他仁他他 山山山		之之之 石石石石石	

뜻 ①다른 사람의 하찮은 언행일지라도 자기의 지식이나 인격을 닦는 데에 도움이 됨. ②쓸모없는 것이라도 쓰기에 따라 유용한 것이 될 수 있음을 비유한 말.
주해 '다른 산〔他山〕의 거친(쓸모없는) 돌〔石〕이라도 옥(玉)을 가는 데에는 소용이 된다'는 뜻.

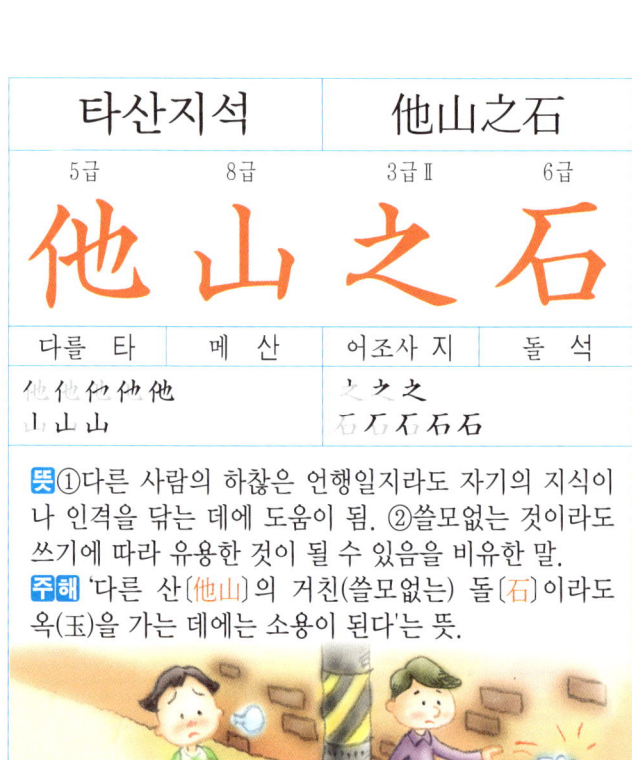

他人(타인)	山勢(산세)	*之東之西	石像(석상)
他國(타국)	山城(산성)	(지동지서)	石器(석기)
他鄉(타향)	山地(산지)	人之常情	石柱(석주)
他校(타교)	江山(강산)	(인지상정)	石膏(석고)

＊之東之西(지동지서):동으로 갔다 서로 갔다 함. 곧, 어떤 일에 주견 없이 왔다갔다 함.

他人	他國	他鄉	他校
山勢	山城	山地	江山
之東	之西	人之	常情
石像	石器	石柱	石膏

팔방미인	八方美人

8급	7급	6급	8급
八	方	美	人
여덟 팔	방위 방	아름다울 미	사람 인
八八	方方方方	美美美美美美美美	人人

뜻 ①누구에게나 잘 보이려는 방법으로 처세하는 사람. ②여러 가지 일에 능통한 사람. ③'온갖 일에 조금씩 손대는 사람'을 놀리는 말이기도 하다.
주해 어느 모로 보나〔八方〕 아름다운 사람〔美人〕을 가리키는 말이다.

八字(팔자)	方向(방향)	美國(미국)	人波(인파)
八旬(팔순)	方道(방도)	美術(미술)	人定(인정)
十中八九	方便(방편)	美少年(미소년)	人面獸心
(십중팔구)	向方(향방)	美粧院(미장원)	(인면수심)

八字 八旬 十中八九

方向 方道 方便 向方

美國 美少年 美粧院

人波 人定 人面獸心

八方美人

일심동체	一心同體
8급 7급	7급 6급

一心同體

하나 일 | 마음 심 | 같을 동 | 몸 체

一
心心心心

同冂冋同同同
體體體體體體體體體體

뜻 여러 사람이 한 마음으로 굳게 결합하는 일, 또는 여러 사람이 굳게 뭉쳐 한 마음 한 몸 같음을 이르는 말.
주해 흔히 부부(夫婦)를 가리켜 一心同體라고 한다. 몸은 서로 각각이지만 마음과 몸이 하나라는 뜻이다.

一抹(일말)	心思(심사)	同志(동지)	體育(체육)
一攫千金	心情(심정)	同伴者(동반자)	體操(체조)
(일확천금)	心境(심경)	同感(동감)	體育館(체육관)
一層(일층)	心慮(심려)	同盟(동맹)	體形(체형)

一抹 一攫千金 一層

心思 心情 心境 心慮

同志 同伴者 同盟

體育 體操 體育館

일자무식	一字無識
8급 7급	5급 5급

一字無識

하나 일	글자 자	없을 무	알 식
一	字字字字字字	無無無無無無無無無	識識識識識識識識識

뜻 아무것도 알지 못하는 무식. 아주 무식함.
주해 一字無識은 글자 한 자(一字)도 모를 정도로 무식함(無識)이라는 뜻이다.
예 一字無識이라고 사람을 함부로 무시하면 안 된다.

一等(일등)	字間(자간)	無心(무심)	識字憂患
一體(일체)	字體(자체)	無智(무지)	(식자우환)
一節(일절)	字句(자구)	無形(무형)	無識(무식)
一國(일국)	十字架(십자가)	無情(무정)	智識(지식)

一	等	一	體	一	節	一	國
字	體	字	句	十	字	架	
無	心	無	智	無	形	無	情
識	字	憂	患	無	識	智	識

一	字	無	識
一	字	無	識
一	字	無	識
一	字	無	識

| 이심전심 | 以心傳心 |
| 5급 7급 | 5급 7급 |

以 心 傳 心

| 써 이 | 마음 심 | 전할 전 | 마음 심 |

以以以以以　　傳傳傳傳傳傳傳傳傳傳傳傳傳
心心心心　　　心心心心

뜻 마음으로써 마음을 전함을 이르는 말.
주해 송나라의 중 도언이 석가 이후 고승들의 법어를 기록한 전등록(傳燈錄)에 보면 석가가 제자인 가섭에게 말이나 글이 아니라 '以心傳心'의 방법으로 불교의 진수를 전했다는 이야기에서 유래.

以下(이하)	心象(심상)	傳說(전설)	心腸(심장)
以後(이후)	心情(심정)	傳貰(전세)	心臟病(심장병)
以實直告	心中(심중)	傳道(전도)	心理學(심리학)
(이실직고)	疑心(의심)	春香傳(춘향전)	觀心(관심)

以	下	以	後	以	實	直	告
心	象	心	情	心	中	疑	心
傳	說	傳	貰	春	香	傳	
心	臟	病	心	理	學	觀	心

일벌백계	一罰百戒
8급　　　4급Ⅱ	7급　　　4급

一 罰 百 戒

한 일	벌줄 벌	일백 백	경계할 계
一	罰罰罰罰罰罰罰罰罰	百百百百百百	戒戒戒戒戒戒戒

뜻 본보기로서 하는 처벌. 여러 사람에게 경각심을 불러일으키게 하기 위하여 본보기로 무거운 벌로 다스리는 일.

주해 一罰百戒는 한 가지의 벌〔一罰〕로 백 가지를 경계한다〔百戒〕는 뜻.

一同(일동)	罰則(벌칙)	百萬(백만)	戒嚴(계엄)
第一(제일)	罰金(벌금)	數百(수백)	戒律(계율)
唯一(유일)	刑罰(형벌)	百科事典	授戒(수계)
萬一(만일)	重罰(중벌)	(백과사전)	破戒(파계)

一同 第一 唯一 萬一

罰則 罰金 刑罰 重罰

百萬 數百 百科事典

戒嚴 戒律 授戒 破戒

一 罰 百 戒

시시비비	是是非非

4급Ⅱ 4급Ⅱ 4급Ⅱ 4급Ⅱ

是 是 非 非

옳을 시	옳을 시	그를 비	그를 비

뜻 여러 가지의 잘잘못. 옳으니 그르니 하고 여러 가지로 시비함. 또는 그러한 말다툼.

주해 是是非非는 옳은 것[是]은 옳고[是] 그른 것[非]은 그르다[非]고 공정하게 판단하는 것이다.

※**是非曲直**(시비곡직):옳고 그르고 굽고 곧음. 곧, 잘잘못.
※**是非之端**(시비지단):시비가 일어나게 된 실마리.

是非(시비)	※是非之端 (시비지단)	非理(비리)	非人間的 (비인간적)
※是非曲直 (시비곡직)	※是非之心 (시비지심)	非常口(비상구) 非運(비운)	非專門家 (비전문가)
是認(시인)		非情(비정)	

※**是非之心**(시비지심):시비를 가릴 줄 아는 마음.

삼척동자	三尺童子
8급　　　3급Ⅱ	6급　　　7급

三尺童子

석 삼	자 척	아이 동	아들 자
二三三	尺尺尺尺	童童童童童童童童童童童	子子子

뜻 철없는 어린 아이를 이르는 말.
주해 三尺童子는 키가 아직 석 자〔三尺〕밖에 자라지 않은 아이〔童子〕라는 뜻이다.
예 그것은 三尺童子도 알고 있다.

三韓(삼한)	尺度(척도)	童顔(동안)	子女(자녀)
三尺童子(삼척동자)	咫尺(지척)	童謠(동요)	子孫(자손)
三顧(삼고)	*尺山尺水(척산척수)	童詩(동시)	子息(자식)
		兒童(아동)	子婦(자부)

*尺山尺水(척산척수):높은 데서 멀리 바라볼 때, '조그맣게 보이는 산과 강'을 이르는 말.

三	韓	三	尺	童	子	三	顧
尺	度	咫	尺	尺	山	尺	水
童	顔	童	謠	童	詩	兒	童
子	女	子	孫	子	息	子	婦

三	尺	童	子
三	尺	童	子
三	尺	童	子
三	尺	童	子

烏	合	之	卒
烏	合	之	卒
烏	合	之	卒
烏	合	之	卒

오합지졸	烏合之卒

3급Ⅱ	6급	3급Ⅱ	5급
烏	合	之	卒
까마귀 오	합할 합	어조사 지	군사 졸

烏烏烏烏烏烏烏烏烏烏
合合合合合合
之之之
卒卒卒卒卒卒卒卒

뜻 규율도 통일성도 없는 군중이나 갑자기 모인 훈련 없는 군세(軍勢)를 이르는 말.
주해 까마귀 떼〔烏合〕같이 질서 없는 무리〔之卒〕라는 뜻이다. **비** 오합지중(烏合之衆)

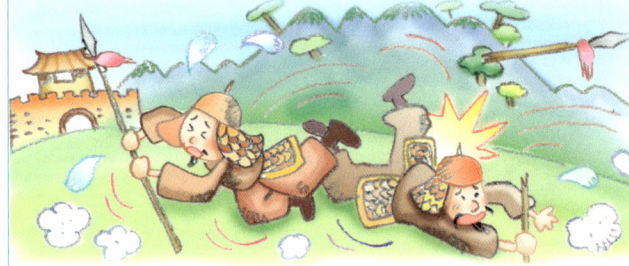

烏飛梨落(오비이락) 烏骨鷄(오골계)	合格(합격) 合唱(합창) 合宿(합숙) 合力(합력)	人之常情(인지상정) 老馬之智(노마지지)	卒兵(졸병) 卒業(졸업) 兵卒(병졸) 軍卒(군졸)

烏	飛	梨	落	烏	骨	鷄	
合	格	合	唱	合	宿	合	力
人	之	常	情	老	馬	之	智
卒	兵	卒	業	兵	卒	軍	卒

사주팔자	四柱八字
8급　　3급Ⅱ	8급　　7급

四柱八字

넉 사	기둥 주	여덟 팔	글자 자
四冂四四四		八八	
柱柱柱柱柱柱柱柱柱		字字字字字字	

뜻 우리 인간의 타고난 신수(身數)를 말한다.
주해 四柱의 간지(干支)가 되는 여덟 글자〔八字〕. 즉, 생년(生年)·생월(生月)·생일(生日)·생시(生時)를 四柱八字라고 함.

四分五裂 (사분오열)	*柱石(주석)	八旬(팔순)	字間(자간)
四通五達 (사통오달)	柱廊(주랑)	八角亭(팔각정)	字句(자구)
	電柱(전주)	八道江山 (팔도강산)	字解(자해)
	*支柱(지주)		文字(문자)

***柱石**(주석):①기둥과 주춧돌. ②가장 중요한 사람. ***支柱**(지주):버티어 괴는 기둥.

四分五裂　四通五達

柱石　柱廊　電柱　支柱

八角亭　八道江山

字間　字句　字解　文字

四柱八字

삼매경	三昧境
7급 8급 1급 4급Ⅱ	

秋 三 昧 境

| 가을 추 | 석 삼 | 어두울 매 | 지경 경 |

秋秋秋秋秋秋秋秋
三三三
昧昧昧昧昧昧昧昧
境境境境境境境境

뜻 ①오직 한 가지 일에만 마음을 집중시키는 경지. ②나의 존재를 잊고 생각지 않음. 물욕과 속세에 전혀 관심이 없는 경지를 이르는 말.

秋霜(추상)	三更(삼경)	*昧爽(매상)	境界(경계)
秋色(추색)	三重(삼중)	*昧者(매자)	境遇(경우)
春秋(춘추)	三天(삼천)		國境(국경)
晩秋(만추)	三國(삼국)		環境(환경)

*昧爽(매상): 먼동이 틀 무렵. *昧者(매자): 어리석고 둔한 사람.

秋霜 秋色 春秋 晩秋

三更 三重 三天 三國

昧爽 昧者

境界 境遇 國境 環境

秋 三 昧 境

| 사이비 | 似而非 |

4급Ⅱ	3급	3급	4급Ⅱ
步	似	而	非
걸음 보	같을 사	말이을 이	아닐 비
步步步步步步步		而而而而而而	
似似似似似似		非非非非非非非	

뜻 겉으로는 그것과 같아 보이나 실제로는 전혀 다르거나 아닌 것을 이르는 말.
주해 맹자(孟子)는 처세를 잘하여 원만해 보이지만 의롭지 못한 사람들을 似而非라고 했다.

- 步幅(보폭)
- 步行(보행)
- 橫斷步道(횡단보도)
- 恰似(흡사)
- 近似値(근사치)
- 非夢似夢(비몽사몽)
- *而立(이립)
- *而今以後(이금이후)
- 非人間的(비인간적)
- 非情(비정)
- 非理(비리)

*而立(이립):30세를 일컬음. *而今以後(이금이후):지금부터 앞으로.

步幅 步行 橫斷步道

近似値 非夢似夢

而立 而今以後

非人間的 非情 非理

步 似 而 非

南	男	北	女
南	男	北	女
南	男	北	女
南	男	北	女

남남북녀	南男北女

8급	7급	8급	8급
南	男	北	女
남녘 남	사내 남	북녘 북	계집 녀

南南南南南南南南南
男男男男男男男

北北北北北
女女女

뜻 우리 나라에서, 남쪽 지방은 남자가 잘나고 북쪽 지방은 여자가 아름답다는 말.

주해 남쪽〔南〕의 남자〔男〕와 북쪽〔北〕의 여자〔女〕라는 뜻.

南向(남향)	男女(남녀)	北進(북진)	女流(여류)
南部(남부)	男尊女卑	北向(북향)	女史(여사)
南北(남북)	(남존여비)	北西(북서)	女人(여인)
江南(강남)	得男(득남)	江北(강북)	女子(여자)

南	向	南	部	南	北	江	南
男	女	男	尊	女	卑	得	男
北	進	北	向	北	西	江	北
女	流	女	史	女	人	女	子

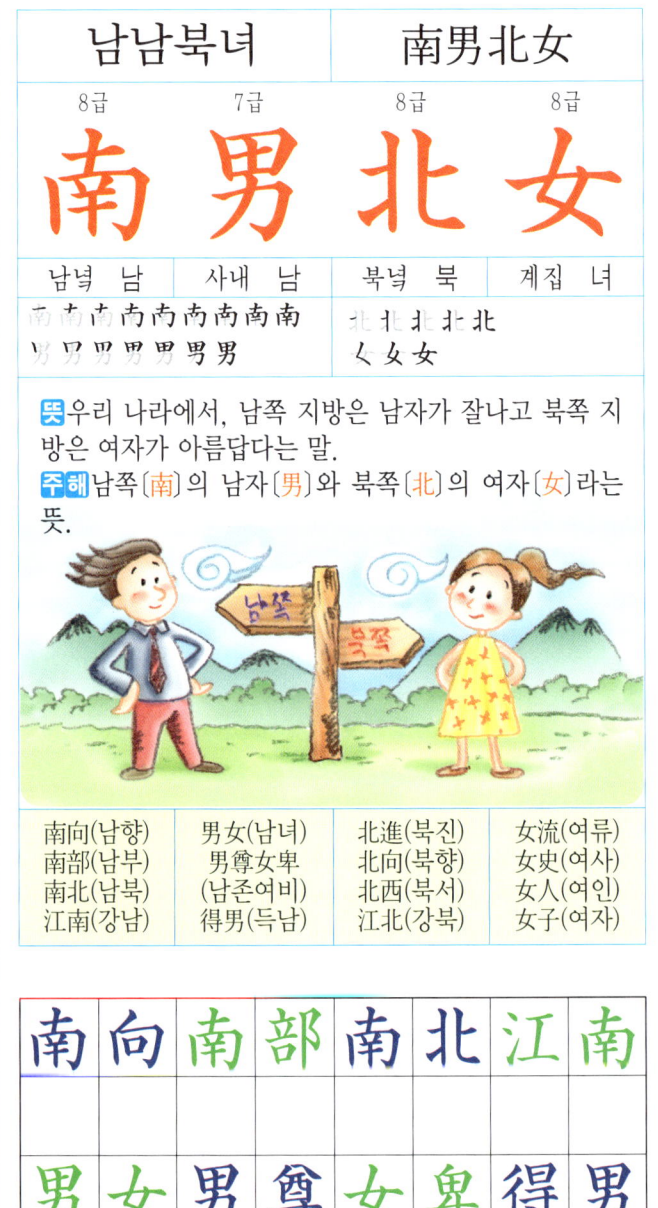

어부지리		漁夫之利	
5급	7급	3급Ⅱ	6급
漁	夫	之	利
고기잡을 어	사내 부	어조사 지	이로울 리

漁漁漁漁漁漁漁漁漁漁
夫夫夫夫
之之之
利利利利利利利

뜻 쌍방이 다투는 사이에 제삼자가 힘들이지 않고 이득을 챙긴다는 말.

주해 漁夫之利는 '어부의 이득'이라는 뜻. **비** 어인지공(漁人之功), 방휼지쟁(蚌鷸之爭), 전부지공(田夫之功)

魚類(어류)	夫婦(부부)	人之常情	利益(이익)
漁船(어선)	夫唱婦隨	(인지상정)	利子(이자)
漁場(어장)	(부창부수)	*之東之西	利潤(이윤)
漁獲高(어획고)	夫君(부군)	(지동지서)	勝利(승리)

*之東之西(지동지서):동으로 갔다 서로 갔다 함. 곧, 어떤 일에 주견 없이 왔다갔다 함.

漁船 漁場 漁獲高

夫婦 夫唱婦隨 夫君

人之常情 之東之西

利益 利子 利潤 勝利

漁夫之利

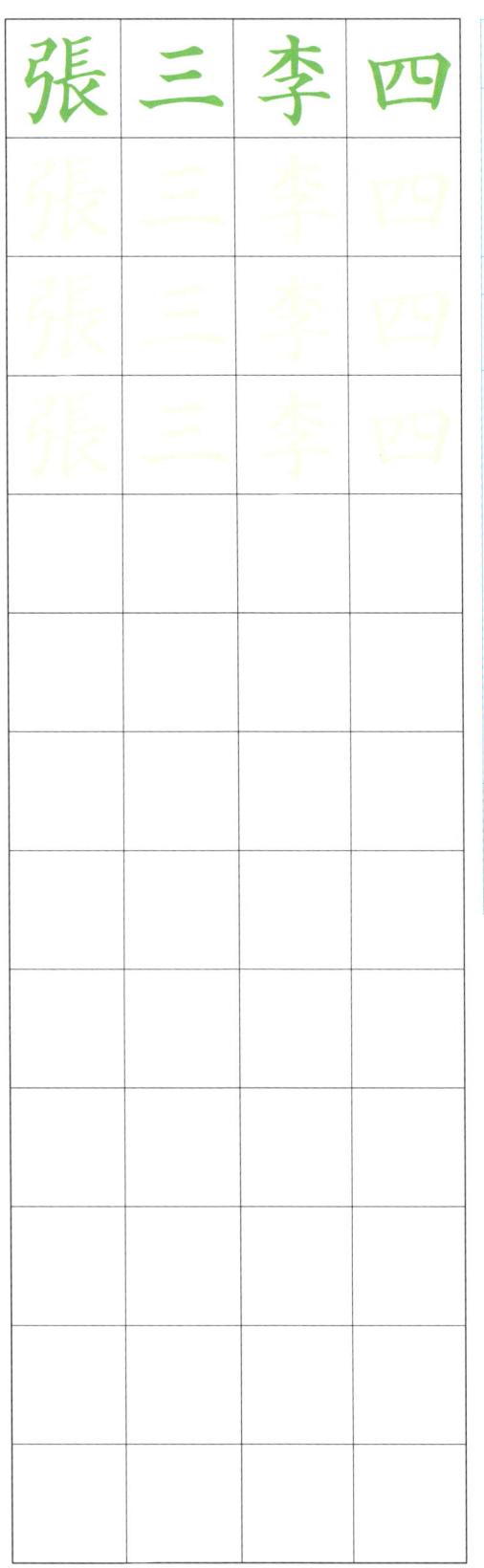

장삼이사		張三李四	
4급	8급	6급	8급

성씨 장	석 삼	성씨 이	넉 사

뜻 이름이나 신분이 특별하지 않은 평범한 사람들을 이르는 말.

주해 '장씨의 셋째 아들과 이씨의 넷째 아들'이라는 뜻으로 사람에게 성리(性理)가 있는 줄은 아나 그 모양이나 이름을 지어 말할 수 없음을 비유하는 말.

主張(주장)	三生(삼생)	李氏(이씨)	四季(사계)
緊張(긴장)	三次(삼차)	李朝(이조)	四角形(사각형)
誇張(과장)	三韓(삼한)	*李下不正冠	四捨五入
伸張(신장)	三報(삼보)	(이하부정관)	(사사오입)

*李下不正冠(이하부정관): 자두나무 밑에서 갓을 고쳐쓰지 말라는 뜻으로, 의심받을 일을 하지 말라는 말.

主	張	緊	張	誇	張	伸	張
三	生	三	次	三	韓	三	報
李	朝	李	下	不	正	冠	
四	角	形	四	捨	五	入	

월하노인	月下老人

8급	7급	7급	8급
月	下	老	人
달 월	아래 하	늙을 로	사람 인
月月月月 下下下		老老老老老老 人人	

뜻 중매하는 사람을 일컫는 말.
주해 달 아래〔月下〕있는 老人이란 뜻. 당나라 때 위고(韋固)라는 청년이 여행을 하던 중 달 아래서 이상한 노인과 만났는데, 결국 노인이 예언한 대로 우여곡절 끝에 아내를 맞아들였다는 데서 유래. **비** 月下氷人(월하빙인)

月刊(월간)	下層(하층)	老人(노인)	人波(인파)
月桂冠(월계관)	下段(하단)	老衰(노쇠)	人情(인정)
滿月(만월)	下部(하부)	老鍊(노련)	人面獸心
歲月(세월)	下流(하류)	元老(원로)	(인면수심)

月桂冠 滿月 歲月

下層 下段 下部 下流

老人 老衰 老鍊 元老

人波 人情 人面獸心

月下老人

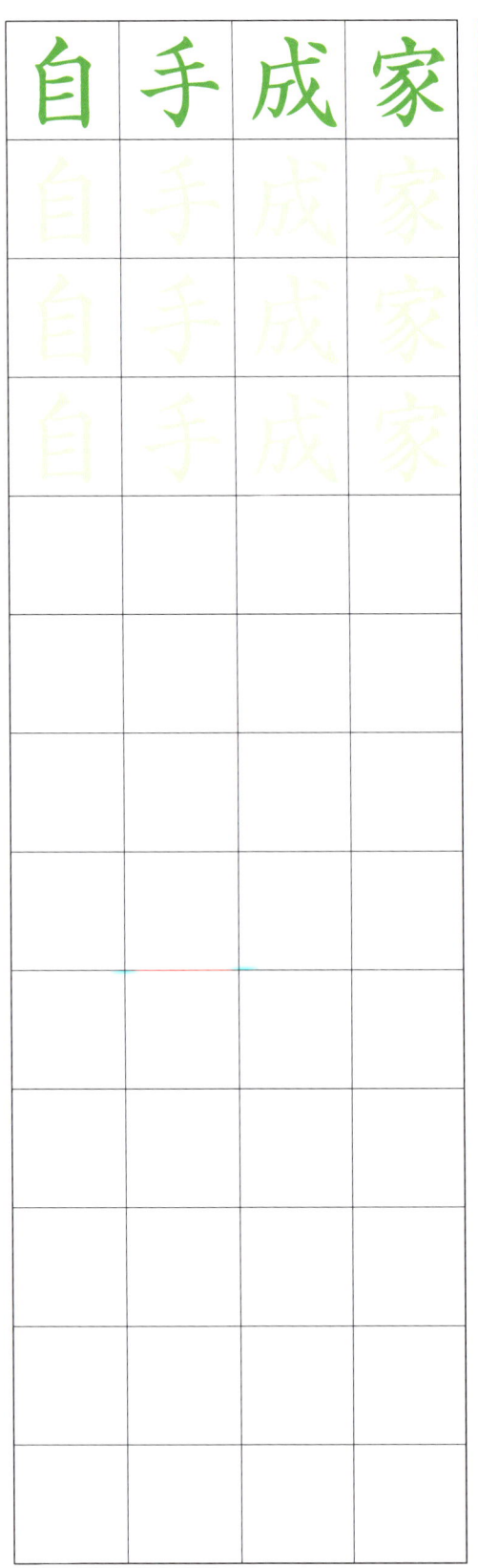

자수성가	自手成家

7급　　　7급　　　6급　　　7급

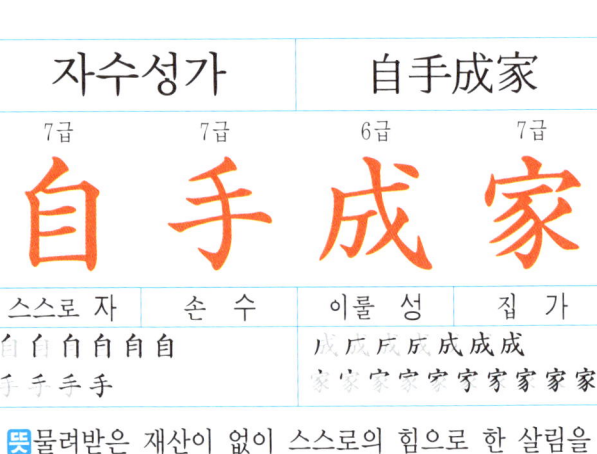

스스로 자　　손 수　　이룰 성　　집 가

自自自自自自
手手手手

成成成成成成
家家家家家家家家家

뜻 물려받은 재산이 없이 스스로의 힘으로 한 살림을 이룩함.
주해 부모로부터 물려받은 재산 없이 자신의 노력으로 성공한 경우에 自手成家했다고 한다.
예 아버지는 무일푼으로 상경해 自手成家하신 분이다.

自身(자신)	手匣(수갑)	成功(성공)	家具(가구)
自然(자연)	手記(수기)	成敗(성패)	家率(가솔)
*自繩自縛	手帖(수첩)	成實(성실)	媤家(시가)
(자승자박)	握手(악수)	成長(성장)	親家(친가)

*自繩自縛(자승자박):자기가 한 말이나 행동 때문에 자기 자신이 구속되어 괴로움을 당하게 됨을 이름.

조족지혈 鳥足之血

5급	4급Ⅱ	3급Ⅱ	4급Ⅱ
鳥	足	之	血
새 조	발 족	어조사 지	피 혈

뜻 하찮은 일이나 분량이 아주 적음을 뜻하는 말.

주해 鳥足之血은 글자 그대로 '새 발의 피'인데, 실제로 새의 다리를 바늘로 찔러 보면 피가 제대로 나오지 않거나 보기 힘들다는 데서 나온 것이다.

鳥類(조류) 足球(족구) 人之常情(인지상정) 血液(혈액)
鳥獸(조수) 手足(수족) 漁夫之利(어부지리) 血脈(혈맥)
鳥瞰圖(조감도) 滿足(만족) 血肉(혈육)
鳥逕(조경) 洽足(흡족) 血小板(혈소판)

鳥類 鳥獸 鳥瞰圖

足球 手足 滿足 洽足

人之常情 漁夫之利

血液 血肉 血小板

鳥足之血

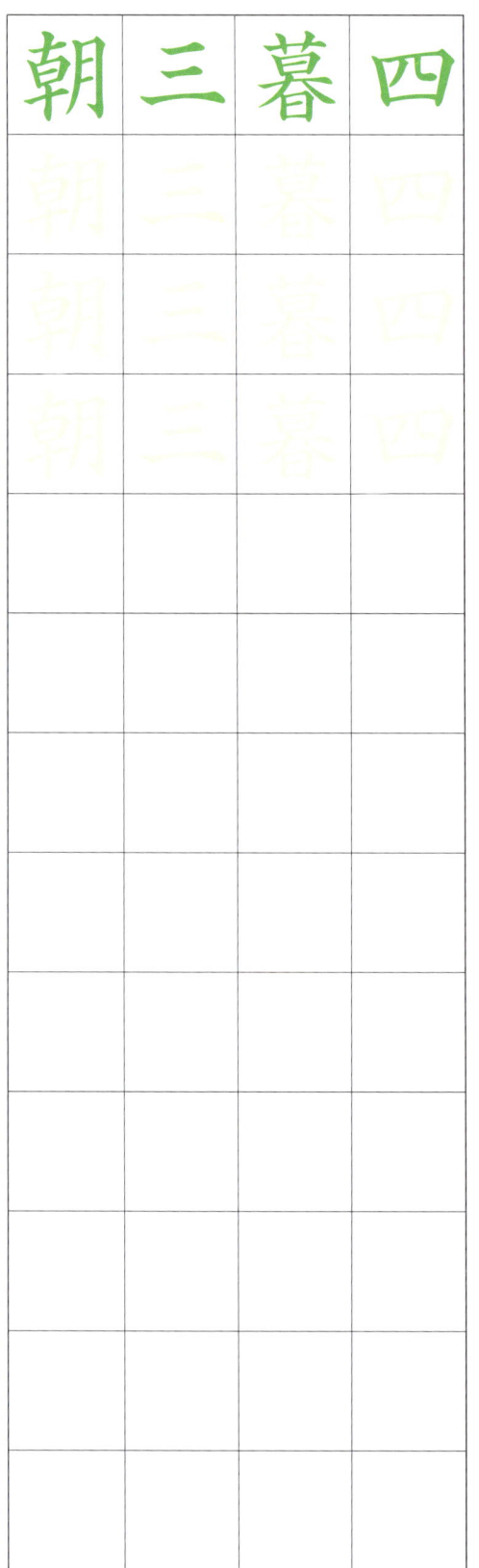

조삼모사	朝三暮四
6급　　8급	3급　　8급

朝 三 暮 四

아침 조	석 삼	저물 모	넉 사

朝朝古古古直卓朝朝朝　　莫莫莩莩草草莫幕暮暮
三三三　　　　　　　　　一一一一四

뜻 간사한 잔꾀로 남을 속임. 겉으로 보이는 차이만을 알고 결과가 같음을 모르는 어리석음.

주해 원숭이에게 도토리를 아침〔朝〕에 3개〔三〕, 저녁〔暮〕에 4개〔四〕를 준다고 하니 화를 내어, 아침에 4개, 저녁에 3개를 준다고 하니까 좋아하더라는 우화에서 유래.

朝夕(조석)	三史(삼사)	*暮夜無知	張三李四
朝鮮(조선)	三公(삼공)	(모야무지)	(장삼이사)
朝紀(조기)	三綱五倫	歲暮(세모)	三三五五
早朝(조조)	(삼강오륜)		(삼삼오오)

※**暮夜無知**(모야무지):이슥한 밤중에 하는 일이라서 보고 듣는 사람이 없음.

朝夕　朝鮮　朝紀　早朝

三史　三公　三綱五倫

暮夜　無知　歲暮

張三李四　三三五五

지행합일 知行合一

5급 6급 6급 8급

知 行 合 一

알 지 / 행할 행 / 합할 합 / 한 일

知知知知知知 / 行行行行行行 / 合合合合合合 / 一

뜻 알고 행하지 않는 것은 정말 아는 것이 아니라는 것.
주해 지식〔知〕과 행위〔行〕는 본래 하나〔合一〕라는 뜻. 중국 명나라 때의 왕양명이 주창한 유학. 朱子(주자)의 先知後行說(선지후행설)에 대하여, 참지식은 반드시 실행이 따라야 한다는 설이다.

知識(지식) 行動(행동) 合奏(합주) 一週(일주)
知的(지적) 行爲(행위) 合一(합일) 一抹(일말)
告知(고지) 行事(행사) 團合(단합) 一部(일부)
通知(통지) 行政(행정) 聯合(연합) 一手(일수)

知識 知的 告知 通知

行動 行爲 行事 行政

合奏 合一 團合 聯合

一週 一抹 一部 一手

知行合一

竹馬故友

죽마고우	竹馬故友
4급Ⅱ 5급	4급Ⅱ 5급

| 대나무 죽 | 말 마 | 옛 고 | 벗 우 |

竹竹竹竹竹竹
馬馬馬馬馬馬馬馬馬馬
故故故故故故故故
友友友友

뜻 어렸을 때부터의 오랜 친구를 이르는 말.
주해 '어릴 때 같이 竹馬(대말)를 타고 놀던 벗〔故友〕'이란 뜻으로, 진나라 12대 황제인 감문제 때 어릴 적 친구인 '환온'과 '은호'가 정적으로 대립한 이야기에서 유래.

竹刀(죽도)	馬兵(마병)	故鄕(고향)	友愛(우애)
破竹之勢(파죽지세)	馬夫(마부)	故國(고국)	友情(우정)
	馬上(마상)	姑舅(고구)	親友(친우)
竹枕(죽침)	駿馬(준마)	緣故(연고)	交友(교우)

竹刀 破竹之勢 竹枕
馬兵 馬夫 馬上 駿馬
故鄕 故國 姑舅 緣故
友愛 友情 親友 交友

호시탐탐	虎視眈眈
3급Ⅱ 4급Ⅱ	1급 1급

虎視眈眈

호랑이 호	볼 시	노려볼 탐	노려볼 탐

虎虎虎虎虎虎虎虎
視視視視視視視視
眈眈眈眈眈眈眈眈
眈眈眈眈眈眈眈眈

뜻 강자가 틈만 있으면 덮치려고 '기회를 노리며 형세를 살핌'을 비유하여 이르는 말.

주해 범이 사나운 눈초리로 먹이를 노려본다는 뜻으로 날카로운 눈초리로 형세(形勢)를 살피는 것을 말함.

예 虎視眈眈 출세의 기회를 노리다.

虎皮(호피)	視覺(시각)	虎視眈眈	※참고
虎骨(호골)	視聽(시청)	(호시탐탐)	탐닉(耽溺)의
虎口(호구)	視野(시야)		耽과는 다른
猛虎(맹호)	視線(시선)		글자임.

虎皮 虎骨 虎口 猛虎

視覺 視聽 視野 視線

虎視眈眈

耽溺

주지육림	酒池肉林
4급　　　3급Ⅱ	4급Ⅱ　　　7급

酒池肉林

술 주	연못 지	고기 육	수풀 림

酒酒酒酒酒洒酒酒酒酒　肉内内内肉肉
池池池池池池　　　　　林林林林林林林林

뜻 '술과 고기가 푸짐하게 차려진 술잔치'를 이르는 말.

주해 酒池肉林은 '술로 못을 이루고 고기로 숲을 이룬다'는 뜻으로, 극히 호사스럽고 방탕한 주연(酒宴)을 뜻하는 말.

酒店(주점)	池畔(지반)	肉親(육친)	林間(임간)
酒母(주모)	貯水池(저수지)	肉身(육신)	林産物(임산물)
按酒(안주)	*池魚之殃	靈肉(영육)	林地(임지)
飮酒(음주)	(지어지앙)	果肉(과육)	山林浴(산림욕)

*池魚之殃(지어지앙) : 못 속 물고기의 재앙이라는 뜻으로, '뜻하지 않은 재앙'을 이르는 말.

침소봉대		針小棒大	
4급	8급	1급	8급

針 小 棒 大

바늘 침	작을 소	몽둥이 봉	큰 대
針針針針針針針針針針	棒棒棒棒棒棒棒棒棒棒棒棒		
小小小		大大大	

뜻 작은 일을 크게 불리어 말함.
주해 針小棒大는 바늘만한 것을 몽둥이만하다고 말한다는 뜻에서, '심하게 과장하여 말함'을 비유하여 이르는 말.
예 국가의 위기를 針小棒大하지 말라.

針峰(침봉)	小量(소량)	棍棒(곤봉)	大腸(대장)
檢針(검침)	小腸(소장)	*痛棒(통봉)	大小(대소)
檢針員(검침원)	小人(소인)	鐵棒體操	大國(대국)
大針(대침)	極小(극소)	(철봉체조)	大商(대상)

※**痛棒**(통봉):좌선할 때 마음의 안정을 잡지 못하는 사람을 징벌하는 데 쓰는 방망이.

針峰	檢針員	大針
小量	小腸	小人	極小
棍棒	痛棒	鐵棒	體操
大腸	大小	大國	大商

針	小	棒	大
針	小	棒	大
針	小	棒	大
針	小	棒	大

지피지기		知彼知己	
5급	3급Ⅱ	5급	5급

知彼知己

| 알 지 | 저 피 | 알 지 | 자기 기 |

失 상대를 알고 나를 알면 백 번 싸워도 위태롭지 않다는 뜻. 곧 상대방과 자신의 약점과 강점을 알아보고 승산(勝算)이 있을 때 싸워야 이길 수 있다는 말.

知人(지인)	彼我(피아)	知覺(지각)	己卯(기묘)
知母(지모)	*彼岸(피안)	知能(지능)	自己(자기)
通知(통지)	彼此(피차)	通知(통지)	利己主義
親知(친지)		親知(친지)	(이기주의)

*彼岸(피안): 불교에서, 이승의 번뇌를 해탈하여 열반의 세계에 도달하는 일, 또는 그 경지.

백전불태	百戰不殆

7급	6급	7급	3급Ⅱ
百	戰	不	殆
일백 백	싸울 전	아니 불	위태할 태

百百百百百
戰戰戰戰戰戰戰戰戰
不不不不
殆殆殆殆殆殆殆殆

주해 춘추전국 시대의 孫武(손무)의 孫子兵法(손자병법)에서, "적을 알고 자기를 알면 어떤 싸움에서 위태롭지 않다. 적을 모르고 자기를 알면 승패는 반반이고, 적도 모르고 자기도 모르면 싸울 때마다 질 것이다(知彼知己 百戰不殆 不知彼而知己 一勝一敗 不知彼不知己 每戰必敗)."에서 나온 것.

百萬大軍 (백만대군) 一罰百戒 (일벌백계)	戰爭(전쟁) 戰鬪(전투) 戰死(전사) 戰禍(전화)	不滿(불만) 不便(불편) 不利(불리) 不死(불사)	*殆無(태무) *殆半(태반) 危殆(위태)

*殆無(태무):거의 없음. *殆半(태반):거의 절반. (참고) 太半(태반):3분의 2를 넘긴 수량.

百萬大軍 一罰百戒

戰爭 戰鬪 戰死 戰禍

不滿 不便 不利 不死

殆無 殆半 危殆

百戰不殆

천우신조 天佑神助

7급 2급 6급 4급Ⅱ

天 佑 神 助

하늘 천 　도울 우 　귀신 신 　도울 조

天天天天
佑佑佑佑佑佑
神神神神神神神神
助助助助助助

뜻 하늘의 도움과 신의 도움.
주해 사람의 힘으로는 불가능한 것을 하늘과 신령의 도움으로 가능하게 되는 경우를 말한다.
예 전쟁터에서 나는 天佑神助로 살아났다.

天罰(천벌)	*佑啓(우계)	神明(신명)	助力(조력)
天佑(천우)	*保佑(보우)	神堂(신당)	助言(조언)
天幸(천행)	天佑神助	神祀(신사)	補助(보조)
歸天(귀천)	(천우신조)	神政(신정)	援助(원조)

*佑啓(우계): 도와서 이루게 함.　*保佑(보우): 보호하고 도와 줌.

화이부동	和而不同

6급	3급	7급	7급
和	而	不	同
화할 화	말이을 이	아니 부	같을 동

和 和 和 禾 禾 千 和
而 而 而 丙 而 而

不 不 才 丅
同 同 同 同 同 冂

뜻 대인 관계에 있어 중용의 덕을 지켜, 다른 사람과의 친화를 도모하되 편당을 짓지 않는 태도를 이르는 말.
주해 和而不同은 '군자는 사람들과 친화하되 부화뇌동(附和雷同)하지 않는다.' 는 뜻.

和解(화해)	*而立(이립)	不當(부당)	同窓(동창)
和睦(화목)	*而今以後	不動産(부동산)	同伴者(동반자)
調和(조화)	(이금이후)	不動姿勢	同化(동화)
融和(융화)		(부동자세)	同名(동명)

*而立(이립):30세를 일컬음. *而今以後(이금이후):지금부터 앞으로.

和	解	和	睦	調	和	融	和
而	立	而	今	以	後	不	當
不	動	産	不	動	姿	勢	
同	窓	同	伴	者	同	化	

패가망신	敗家亡身
7급　　6급	5급　　6급

敗 家 亡 身

무너질 패　　집 가　　망할 망　　몸 신

敗家亡身

뜻 집안의 재산을 다 써 없애고 몸을 망침.
주해 敗家亡身은 대개 부정한 행실로 인하여 집안은 물론 자신의 신세까지 망치는 경우를 말한다.
예 노름으로 敗家亡身하다.

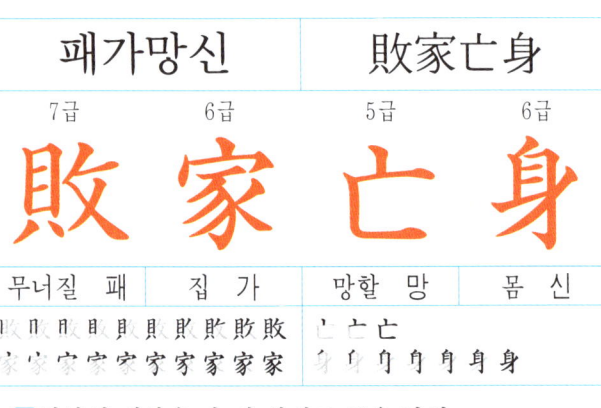

敗北(패배)	家電(가전)	亡國(망국)	*身數(신수)
敗訴(패소)	家廟(가묘)	滅亡(멸망)	*身熱(신열)
失敗(실패)	家口(가구)	敗亡(패망)	自身(자신)
腐敗(부패)	家門(가문)	興亡(흥망)	文身(문신)

*身數(신수):사람의 운수. *身熱(신열):병 때문에 오르는 몸의 열.

파죽지세 破竹之勢

4급Ⅱ	4급Ⅱ	3급Ⅱ	4급Ⅱ
破	竹	之	勢
깨뜨릴 파	대나무 죽	어조사 지	기세 세

뜻 세력이 강대하여 감히 막을 수 없도록 거침없이 적을 물리치고 쳐들어가는 당당한 기세를 이르는 말.
주해 破竹之勢는 '대나무를 쪼갤 때〔破竹〕와 같은 기세〔之勢〕'라는 뜻.
예 破竹之勢로 무찔러 나가다.

破門(파문)　竹杖(죽장)　犬馬之勞　勢力(세력)
破碎(파쇄)　竹夫人(죽부인)　(견마지로)　權勢(권세)
破壞(파괴)　竹馬故友　人之常情　大勢(대세)
破滅(파멸)　(죽마고우)　(인지상정)　形勢(형세)

破門 破碎 破壞 破滅

竹杖 竹馬故友

犬馬之勞 人之常情

勢力 權勢 大勢 形勢

破竹之勢

인자무적		仁者無敵	
4급	6급	5급	4급Ⅱ

仁者無敵

어질 인	사람 자	없을 무	적 적
丿 亻 仁 仁	土 耂 耂 耂 者 者 者	無 無 無 無 無 無 無 無 無	敵 敵 商 商 商 商 商 敵 敵

뜻 어진 사람은 모든 사람을 사랑하므로 천하에 적대(敵對)하는 사람이 없음.

주해 仁者無敵은, 왕이 백성을 위하는 정치를 베풀면 주변에 대적할 나라가 없듯이, 남을 사랑할 줄 아는 어진 사람 주변에는 그에게 대적할 사람이 없다는 말이다.

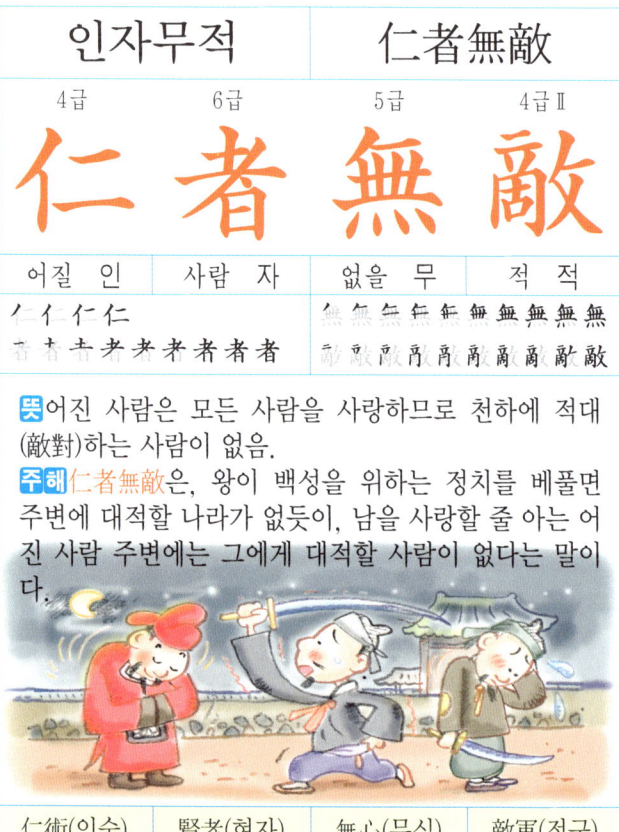

仁術(인술)	賢者(현자)	無心(무심)	敵軍(적군)
*仁兄(인형)	筆者(필자)	無效(무효)	敵將(적장)
仁慈(인자)	智者(지자)	無知(무지)	敵陣(적진)
仁德(인덕)	聖者(성자)	無名(무명)	敵旗(적기)

*仁兄(인형):어진 형이란 뜻으로, 동년배 친구에 대한 존칭.

일엽편주	一葉片舟

8급	5급	3급Ⅱ	3급
一	葉	片	舟
한 일	잎 엽	조각 편	배 주

- 뜻: 조그마한 조각배. 한 척의 작은 배를 이르는 말.
- 주해: 一葉片舟는 나뭇잎처럼 작은 배인데, 흔히 시가에서 시적인 멋을 내기 위해서 자주 사용한다.
- 예: 一葉片舟에 몸을 싣고 망명길에 올랐다.

※ 一筆揮之(일필휘지): 글씨를 단숨에 힘차고 시원하게 죽 써내려 감. ※ 片紙=便紙

一瞬間(일순간)	葉書(엽서)	片道(편도)	舟軍(주군)
※一筆揮之(일필휘지)	落葉(낙엽)	※片紙(편지)	舟橋(주교)
同一(동일)	金枝玉葉(금지옥엽)	一片丹心(일편단심)	刻舟求劍(각주구검)

※ 金枝玉葉(금지옥엽): 임금의 자손이나 귀여운 자손을 비유하여 이르는 말.

一瞬間 一筆揮之

葉書 落葉 金枝玉葉

片道 片紙 一片丹心

舟軍 舟橋 刻舟求劍

一葉片舟

노마지지 老馬之智

老馬之智

| 늙을 로 | 말 마 | 어조사 지 | 지혜 지 |

老老老老老老
馬馬馬馬馬馬馬馬
之之之
智智智智智智智智智

뜻 늙은 말의 지혜란 뜻으로, 아무리 하찮은 것일지라도 저마다 장기나 장점을 지니고 있음을 이르는 말.

주해 춘추 시대, 오패(五覇)위 한 사람이었던 제나라 환공 때, 환공이 명재상 관중과 대부 습붕을 데리고 고죽국(하북성)을 정벌하러 갔을 때의 일에서 유래.

老人(노인)	馬上(마상)	人之常情	智略(지략)
老眼(노안)	馬夫(마부)	(인지상정)	智謀(지모)
老化(노화)	馬具(마구)	犬馬之勞	智識(지식)
老人亭(노인정)	競馬(경마)	(견마지로)	銳智(예지)

老眼 老化 老人亭

馬上 馬夫 馬具 競馬

人之常情 犬馬之勞

智略 智謀 智識 銳智

사서삼경	四書三經
8급　　　6급	8급　　　4급Ⅱ

四書三經

넉 사	책 서	석 삼	책 경
一 口 日 四 四	書書書書書書書書書書	一 二 三	經經經經經經經經經經經經

뜻 칠서(七書)로서의 四書와 三經.
주해 대학·중용·논어·맹자를 합해서 四書라고 하고, 시경(詩經)·서경(書經)·주역(周易)인 역경(易經)을 三經이라고 함.

| 四方八方 (사방팔방) | 書架(서가) | *三色果實 (삼색과실) | 經書(경서) |
| 朝三暮四 (조삼모사) | 書庫(서고) 書信(서신) 書籍(서적) | 三十六計 (삼십육계) | 經學(경학) 聖經(성경) 詩經(시경) |

*三色果實(삼색과실):관혼상제에 쓰이는 세 가지 빛깔의 과실.

四	方	八	方	朝	三	暮	四
書	架	書	庫	書	信	書	籍
三	色	果	實	三	十	六	計
經	書	經	學	聖	經	詩	經

四	書	三	經
四	書	三	經
四	書	三	經
四	書	三	經

63

기사회생	起死回生
4급Ⅱ 6급	4급Ⅱ 8급

起死回生

일어날 기 　죽을 사　　돌아올 회　　살 생

뜻: 죽음에 임박한 사람을 다시 살려내는 것을 말한다.

주해: 起死回生은 '죽은 사람을 일으켜 다시 살린다'는 뜻으로, '여씨춘추' 별류편에 나오는데, 뛰어난 의술로 환자를 죽음의 상황에서 소생시키는 의미로 사용되었음.

起床(기상)　死線(사선)　回復(회복)　生命(생명)
惹起(야기)　死後(사후)　回想(회상)　生死(생사)
提起(제기)　死滅(사멸)　回轉(회전)　生活(생활)
隆起(융기)　死因(사인)　回顧(회고)　生計(생계)

起床　惹起　提起　隆起

死線　死後　死滅　死因

回復　回想　回轉　回顧

生命　生死　生活　生計

起死回生

삼강오륜	三綱五倫
8급 3급Ⅱ	8급 3급Ⅱ

三綱五倫

석 삼	벼리 강	다섯 오	인륜 륜

뜻 유교의 도덕 사상에서 기본이 되는 세 가지의 강령과 다섯 가지의 인륜.

주해 三綱은 군위신강(君爲臣綱)·부위자강(父爲子綱)·부위부강(夫爲婦綱), 五倫은 부자유친(父子有親)·군신유의(君臣有義)·부부유별(夫婦有別)·장유유서(長幼有序)·붕우유신(朋友有信)이다.

*三省吾身 (삼성오신) 三寶(삼보) 三重苦(삼중고)	綱領(강령) 綱目(강목) 大綱(대강) 要綱(요강)	五輪(오륜) 五重(오중) 三三五五 (삼삼오오)	倫理觀(윤리관) 人倫(인륜) 天倫(천륜) 悖倫(패륜)

*三省吾身(삼성오신):매일 몇 번이고 자신을 반성함.

三	省	吾	身	寶	三	重	苦
綱	領	綱	目	大	綱	要	綱
五	輪	五	重	三	三	五	五
倫	理	觀	人	倫	悖	天	倫

감언이설	甘言利說
4급　　　6급	6급　　　5급

甘言利說

달 감	말씀 언	이로울 리	말씀 설
甘甘甘甘甘	言言言言言言言	利利利利利利利	說說說說說說說說說說

뜻 상대방이 듣기 좋게 하는 달콤한 말.
주해 남의 비위를 맞추는 달콤한〔甘〕 말〔言〕과 이로운〔利〕 조건만 내세워 그럴듯하게 꾸미는 말〔說〕.
예 甘言利說에 넘어가지 말아라.

甘味(감미)	言行(언행)	利益(이익)	說明(설명)
甘受(감수)	言事(언사)	利得(이득)	說得(설득)
甘呑苦吐	言論(언론)	利潤(이윤)	說話(설화)
(감탄고토)	遺言(유언)	利害(이해)	論說(논설)

甘味　甘受　甘吞苦吐

言行　言事　言論　遺言

利益　利得　利潤　利害

說明　說得　說話　論說

甘言利說

견물생심			見物生心		
5급	7급	8급	7급		

見 物 生 心

볼 견 / 물건 물 / 날 생 / 마음 심

뜻 실물을 보면 그것을 가지고 싶은 욕심이 생김.
주해 見物生心은 글자 그대로 물건(物)을 보면(見) 가지고 싶은 욕심(心)이 생김(生).
예 아이쇼핑만 하려고 백화점에 갔는데 見物生心으로 실패했다.

見學(견학)	物件(물건)	生日(생일)	心臟(심장)
所見(소견)	物慾(물욕)	生活(생활)	心情(심정)
意見(의견)	物象(물상)	生命(생명)	心理(심리)
謁見(알현)	物體(물체)	寫生畵(사생화)	心理學(심리학)

見學 所見 意見 謁見

物件 物慾 物象 物體

生活 生命 寫生畵

心臟 心情 心理學

견마지로	犬馬之勞
4급　　　5급	3급Ⅱ　　　5급

犬馬之勞

개 견	말 마	어조사 지	수고로울 로

一ナ大犬
丨冂冂円冃馬馬馬馬
　　　　　　　　　之亠之
　　　　　　　　　勞勞勞勞勞勞勞勞勞勞

뜻 ①임금이나 나라에 정성껏 충성을 다함. ②윗사람에게 대하여 '자기의 노력'을 겸손하게 이르는 말.
주해 犬馬之勞는 신하가 임금에게 바치는 수고를 아주 겸손하게 일컫는 말.

犬科(견과)	馬具(마구)	漁夫之利	勞使(노사)
猛犬(맹견)	馬夫(마부)	(어부지리)	勞動組合
忠犬(충견)	駿馬(준마)	人之常情	(노동조합)
珍島犬(진도견)	名馬(명마)	(인지상정)	勤勞(근로)

猛	犬	忠	犬	珍	島	犬
馬	具	馬	夫	駿	馬	名	馬
漁	夫	之	利	人	之	常	情
勞	使	勞	動	組	合	勤	勞

犬	馬	之	勞
犬	馬	之	勞
犬	馬	之	勞
犬	馬	之	勞

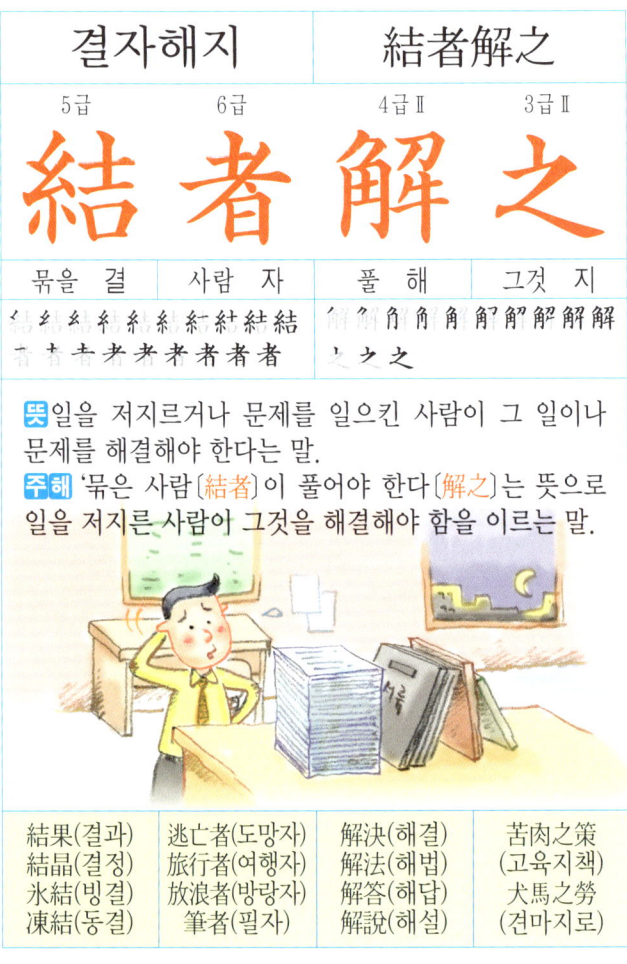

공산명월	空山明月
7급　　8급	6급　　8급

空 山 明 月

빌 공	메 산	밝을 명	달 월
空空空空空空空		明明明明明明明	
山山山		月月月月	

뜻 사람 없는 산에 외로이 비치는 밝은 달.
주해 황진이의 시조에서 나오는 글이다.
　"청산리 벽계수야 수이 감을 자랑 마라
　일도창해하면 다시 오기 어려워라
　明月이 滿空山하니 쉬어 간들 어떠리."

空虛(공허)	山蔘(산삼)	明月(명월)	月次(월차)
空山(공산)	山水(산수)	明徵(명징)	月朔(월삭)
空洞(공동)	山亭(산정)	陽明(양명)	月給(월급)
虛空(허공)	山勢(산세)	鮮明(선명)	月定(월정)

空虛　空山　空洞　虛空

山蔘　山水　山亭　山勢

明月　明徵　陽明　鮮明

月次　月朔　月給　月定

空 山 明 月

권불십년	權不十年

권세 권	아닐 불	열 십	해 년

權不十年

一十
一 十 一 十 一 十

뜻 아무리 막강한 권력이라도 언제까지 누릴 수 없다는 말.

주해 權不十年은 아무리 높은 권세(權勢)라도 十年을 가지 못한다는 말로서, 권력을 마구 휘두르거나 권력을 놓치지 않으려고 하는 사람들에게 권력의 무상함을 일깨워 주려는 뜻이 있다.

權座(권좌)	不評(불평)	十字架(십자가)	年度(연도)
勸力(권력)	不法(불법)	十誡命(십계명)	年次(연차)
權勢(권세)	不利(불리)	十年知己	年代(연대)
利權(이권)	不成(불성)	(십년지기)	年月日(연월일)

權座 勸力 權勢 利權

不評 不法 不利 不成

十誡命 十年知己

年度 年次 年月日

고집불통	固執不通
5급　　3급Ⅱ	7급　　6급

固執不通

굳을 고	잡을 집	아니 불	통할 통
丨冂冃円用周周固		一丆不不	
扌扌扌扌幸幸幸幸執執		冂冂冂甬甬甬甬通通通	

뜻 고집이 세어 조금도 변통성이 없음, 또는 그 사람.
주해 한번 마음먹은 일을 꾸준히 밀고 나가는 固執은 필요하지만, 너무 지나치면 융통성이 없어서 오히려 곤란하다. 固執不通과 비슷한 말로, 황소처럼 固執이 세다고 하여 '황소고집'이 있다.

固着(고착)	執着(집착)	不當(부당)	通達(통달)
固定(고정)	我執(아집)	*不偏不黨	通過(통과)
固辭(고사)	固執(고집)	(불편부당)	通禁(통금)
凝固(응고)	偏執(편집)	可否間(가부간)	流通(유통)

※ **不偏不黨**(불편부당) : 어느 당, 어느 주의에도 가담하거나 기울지 않음.

固着　固定　固辭　凝固

執着　我執　固執　偏執

不偏　不黨　可否　間

通達　通過　通禁　流通

固執不通

사분오열	四分五裂
8급 6급	8급 3급

四 分 五 裂

넉 사 / 나눌 분 / 다섯 오 / 찢어질 렬(열)

뜻 여러 갈래로 어지럽게 분열됨. 여러 갈래로 찢어지거나 흩어짐.

주해 四分五裂은 넷으로 나누어지고 다섯으로 찢어진다는 뜻인데, 이념이나 이익 등이 여러 갈래로 갈라져 혼란스럽게 되는 것을 말한다.

四通五達 (사통오달) 四面楚歌 (사면초가)	分量(분량) 分斷(분단) 分秒(분초) 分娩(분만)	五里霧中 (오리무중) 五十步百步 (오십보백보)	裂傷(열상) 破裂(파열) 龜裂(균열) 分裂(분열)

四	通	五	達	四	面	楚	歌
分	量	分	斷	分	秒	分	娩
五	里	霧	中	十	步	百	步
裂	傷	破	裂	龜	裂	分	裂

고육지책 苦肉之策

6급	4급Ⅱ	3급Ⅱ	3급Ⅱ
苦	肉	之	策
괴로울 고	고기 육	어조사 지	꾀 책

苦 苦 苦 苦 苦 苦 苦 苦
肉 冂 內 內 肉 肉
之 之 之
策 策 策 策 策 策 策 策 策 策

뜻 적을 속이기 위하여, 자신의 희생을 무릅쓰고 꾸미는 계책.

주해 훌륭한 계책은 자신의 희생 없이 상대를 굴복시키는 것이지만, 여건이 나빠서 자신을 희생시키지 않으면 안 되는 계책이 있는데, 이런 계책을 苦肉之策이라고 한다.

苦生(고생)　肉聲(육성)　漁夫之利　策動(책동)
苦學(고학)　肉體(육체)　(어부지리)　策略(책략)
*苦盡甘來　肉親(육친)　犬馬之勞　上策(상책)
(고진감래)　血肉(혈육)　(견마지로)　妙策(묘책)

*苦盡甘來(고진감래): 고생이 끝나면 즐거움이 옴.

苦	生	苦	學	苦	盡	甘	來
肉	聲	肉	體	肉	親	血	肉
漁	夫	之	利	犬	馬	之	勞
策	動	策	略	上	策	妙	策

苦	肉	之	策
苦	肉	之	策
苦	肉	之	策
苦	肉	之	策

괄목상대	刮目相對
1급 6급	5급 6급

刮目相對

비빌 괄	눈 목	서로 상	대할 대
一二千千舌舌刮刮	丨冂冂月目	一十才木 相相相相相	丨冫业业圥圥圥對對

뜻 '눈을 비비고 상대를 본다'는 뜻.
주해 刮目相對는 남의 학식이나 재주가 놀랍도록 향상된 경우에 이를 놀라워하는 뜻으로 쓰여, 눈을 비비고 다시 본다는 말이다.

※**刮目**(괄목):짐작한 것보다 발전한 것이 매우 대단하여, 눈을 비비고 다시 봄.

目不忍見	相關(상관)	對面(대면)
(목불인견)	觀相(관상)	對話(대화)
耳目口鼻	足相(족상)	對象(대상)
(이목구비)	手相(수상)	相對(상대)

※**目不忍見**(목불인견):차마 눈뜨고 볼 수 없음.

골육상쟁 骨肉相爭

4급 4급Ⅱ 5급 5급

骨 肉 相 爭

뼈 골 / 고기 육 / 서로 상 / 다툴 쟁

뜻 가까운 혈족 사이에 서로 싸움.
주해 형제자매는 한 부모의 피를 물려받고 태어났으므로 骨肉이라고 한다. 이런 형제끼리 싸우는 것을 말하지만, 넓게는 동족끼리의 전쟁인 6·25 전쟁을 骨肉相爭이라고 한다.

骨董品(골동품) 肉食(육식) 相面(상면) 爭鬪(쟁투)
骨盤(골반)   肉筆(육필) 相從(상종) 爭奪(쟁탈)
骨格(골격)   食肉(식육) 相談(상담) 政爭(정쟁)
骨折(골절)   魚肉(어육) 觀相(관상) 黨爭(당쟁)

骨董品 盤骨格 骨折

肉食 肉筆 食肉 魚肉

相面 相從 相談 觀相

爭鬪 爭奪 政爭 黨爭

骨肉相爭

금석맹약 金石盟約

8급 6급 3급Ⅱ 5급

金 石 盟 約

쇠 금 | 돌 석 | 맹세할 맹 | 약속 약

金金金金全金金金
石石石石石

盟盟盟盟明明明盟盟
約約約約約約約約

뜻 쇠나 돌처럼 굳고 변함없는 언약.
주해 金石은 글자 그대로 쇠와 돌인데, 아주 단단하여 웬만해선 깨지지 않는다. 그래서 쉽게 부서지거나 변하지 않는 것을 흔히 쇠나 돌에 비유하곤 한다.

金銀(금은)	石佛(석불)	盟誓(맹서)	約束(약속)
金冠(금관)	石灰石(석회석)	同盟(동맹)	約款(약관)
金額(금액)	石像(석상)	聯盟(연맹)	言約(언약)
純金(순금)	石膏(석고)	血盟(혈맹)	條約(조약)

金銀 金冠 金額 純金

石佛 石灰 石像 石膏

盟誓 同盟 聯盟 血盟

約束 約款 言約 條約

교언영색	巧言令色
3급Ⅱ 6급	5급 7급

巧言令色

| 교모할 교 | 말씀 언 | 예쁠 령 | 얼굴빛 색 |

巧巧巧巧巧
言言言言言言言
令令令令令
色色色色色色

뜻 남의 환심을 사기 위해 아첨하는 교묘한 말과 보기 좋게 꾸미는 표정을 이르는 말.

주해 巧言令色은 남의 환심을 사려고 번지르르하게 발라 맞추는 말과 알랑거리는 낯빛이라는 뜻이다.

巧妙(교묘)	言動(언동)	令愛(영애)	色素(색소)
巧詐(교사)	言辯(언변)	令夫人(영부인)	色感(색감)
技巧(기교)	暴言(폭언)	命令(명령)	色相(색상)
精巧(정교)	誇言(과언)	指令(지령)	無彩色(무채색)

巧妙 巧詐 技巧 精巧

言動 言辯 暴言 誇言

令夫人 命令 指令

色素 色感 無彩色

고침안면	高枕安眠
6급　　3급	7급　　3급Ⅱ

高 枕 安 眠

높을 고　　베개 침　　편안할 안　　잠잘 면

高高高高高高高高高　安安安安安安
枕枕枕枕枕枕枕枕枕　眠眠眠眠眠眠眠眠

뜻 '베개를 높이 하여 편히 잘 잔다' 는 뜻으로, 무척 마음이 한가하고 여유가 있어 아무런 근심이 없는 상태를 이르는 말.

高山(고산)	枕頭(침두)	安樂(안락)	面相(면상)
高等(고등)	枕木(침목)	安逸(안일)	面對(면대)
高位(고위)	枕上(침상)	安心(안심)	顔面(안면)
高壓(고압)	木枕(목침)	安寧(안녕)	水面(수면)

高山	高等	高位	高壓
枕頭	枕木	枕上	木枕
安樂	安逸	安心	安寧
面相	面對	顔面	水面

취생몽사		醉生夢死	
3급Ⅱ	8급	3급Ⅱ	6급

醉 生 夢 死

| 술취할 취 | 살 생 | 꿈 몽 | 죽을 사 |

醉: 酉 酉 酉 酉 酔 酔 酔 醉 醉
生: 丿 ㅗ 牛 牛 生
夢: 艹 艹 艹 莎 莎 萝 萝 夢 夢
死: 一 ナ 歹 歹 死 死

뜻 아무 뜻 없이 한평생을 흐리멍덩하게 살아감을 이르는 말.

주해 醉生夢死는 '술에 취한 듯이 살고, 꿈을 꾸듯이 죽는다는 뜻'이고, 醉자는 술[酒]이 바닥이 나도록[卒] 많이 마셔서 '취한다'는 뜻이다.

醉客(취객)	生死(생사)	夢遊病(몽유병)	死刑囚(사형수)
醉中(취중)	生面不知	夢想家(몽상가)	死地(사지)
宿醉(숙취)	(생면부지)	夢精(몽정)	生死(생사)
漫醉(만취)	生父(생부)	現夢(현몽)	決死(결사)

醉	客	醉	中	宿	醉	漫	醉

生	死	生	面	不	知	生	父

夢	遊	病	夢	想	家	現	夢

死	刑	囚	生	死	決	死	

醉	生	夢	死
醉	生	夢	死
醉	生	夢	死
醉	生	夢	死

| 천고마비 | 天高馬肥 |

7급　　6급　　5급　　3급Ⅱ

天 高 馬 肥

하늘 천　　높을 고　　말 마　　살찔 비

天 天 天 天
高 高 高 高 高 高 高 高 高 高

馬 馬 馬 馬 馬 馬 馬 馬 馬 馬
肥 肥 肥 肥 肥 肥 肥 肥

뜻 하늘이 맑고 오곡 백과가 무르익는 가을을 형용하는 말.

주해 天高馬肥는 '하늘이 높고 말이 살찐다'는 뜻으로, '가을'을 말할 때 수식하는 뜻으로 이르는 말.

예 가을은 天高馬肥의 계절이다.

天主(천주)	高率(고율)	馬夫(마부)	肥滿(비만)
天上(천상)	高利(고리)	馬上(마상)	肥料(비료)
天下(천하)	高層(고층)	牛馬(우마)	肥沃(비옥)
天地(천지)	高價(고가)	駿馬(준마)	肥大症(비대증)

天主　天上　天下　天地

高率　高利　高層　高價

馬夫　馬上　牛馬　駿馬

肥滿　肥料　肥大症

칠전팔기 七顚八起

8급	1급	8급	4급Ⅱ
七	顚	八	起
일곱 칠	넘어질 전	여덟 팔	일어날 기

뜻 여러 번 실패해도 굽히지 않고 꾸준히 노력함.

주해 '일곱 번 넘어지고 여덟 번 일어난다'는 뜻. 七顚八起와는 반대로 칠전팔도(七顚八倒)는 일곱 번 넘어지고 여덟 번 쓰러진다는 뜻으로, 계속해서 실패하고 좌절한다는 말이다.

七月(칠월)　顚末(전말)　八道江山　起床(기상)
七夕(칠석)　顚覆(전복)　(팔도강산)　起居(기거)
*七去之惡　顚倒(전도)　八方美人　起用(기용)
　(칠거지악)　*主客이 顚倒되다.　(팔방미인)　發起(발기)

*七去之惡(칠거지악): 옛날에, 아내를 내쫓을 수 있는 7가지 조건.

七月 七夕 七去之惡

顚末 顚覆 顚倒

八道江山 八方美人

起床 起居 起用 發起

七顚八起

천방지축	天方地軸
7급 7급	7급 2급

天 方 地 軸

하늘 천　　방향 방　　땅 지　　굴대 축

天天天天
方方方方

地地地地地地
軸軸軸軸軸軸軸軸軸軸

뜻 ①가벼운 사람이 덤벙대는 모습. ②몹시 급하여 방향을 모르고 함부로 날뛰는 모양을 일컫는 말.
주해 天方地軸은 하늘〔天〕의 방향〔方〕과 땅〔地〕의 축〔軸〕을 알지 못함이니, 방향을 잡지 못하고 마구 덤벙대는 것을 뜻한다. 비 천방지방(天方地方).

| 天上天下 (천상천하) 天文地理 (천문지리) | 方向(방향) 方法(방법) 方位(방위) 萬方(만방) | 地位(지위) 地圖(지도) 地理(지리) 處地(처지) | *縱軸(종축) *橫軸(횡축) 車軸(차축) 地軸(지축) |

*縱軸(종축):세로축. *橫軸(횡축):가로축, 가로로 꾸민 족자.

天上天下　天文地理

方向　方法　方位　萬方

地位　地圖　地理　處地

縱軸　橫軸　車軸　地軸

천편일률	千篇一律
7급 4급	8급 4급Ⅱ

千 篇 一 律

일천 천	책 편	한 일	규칙 률
千千千	篇篇篇篇篇篇篇篇	一	律律律律律律律律

뜻 사물이 모두 판에 박은 듯이 똑같아 새롭거나 독특한 개성이 없고 재미가 없음을 말함.

주해 千篇이나 되는 글이 오로지 한 가지 운율[一律]로만 되어 있다는 뜻으로, 시문들이 모두 비슷한 글귀나 형식으로만 되어 있어 참신한 맛이 없음을 가리킴.

千軍(천군)	篇首(편수)	*一日三省	律法(율법)
三千里(삼천리)	玉篇(옥편)	(일일삼성)	律例(율례)
數千(수천)	長篇(장편)	一喜一悲	道德律(도덕률)
千年(천년)	短篇(단편)	(일희일비)	規律(규율)

*一日三省(일일삼성): 하루에 세 가지 일로 자신을 성찰함.

千軍 三千里 數千

篇首 玉篇 長篇 短篇

一日三省 一喜一悲

律法 道德律 規律

千篇一律

85

| 역지사지 | 易地思之 |

易地思之
4급 7급 5급 3급Ⅱ

바꿀 역(이) / 땅 지 / 생각 사 / 그것 지

뜻 처지를 바꾸어 생각함.

주해 우리 속담에 "내 배가 부르면 종놈 배고픈 것을 알지 못한다."는 말이 있는데, 이처럼 자신의 입장만을 생각하므로 남을 헤아린다는 것은 어려운 일인 듯하다. 易地思之를 易之思之로 표기해도 그 뜻은 같다.

易學(역학) 地價(지가) 思想(사상) 犬馬之勞
交易(교역) 地形(지형) 思考(사고) (견마지로)
貿易(무역) 地軸(지축) 思慕(사모) 人之常情
安易(안이) 農地(농지) 思春期(사춘기) (인지상정)

易學 交易 貿易 安易

地價 地形 地軸 農地

思想 思考 思春期

犬馬之勞 人之常情

연목구어	緣木求魚

4급	8급	4급Ⅱ	5급
緣	木	求	魚
오를 연	나무 목	구할 구	물고기 어

緣緣緣緣緣緣緣緣緣緣
十十才木

一十才求求求求
⺈⺈各各鱼魚魚魚魚魚

뜻 되지도 않을 엉뚱한 소망을 이르거나, 방법을 그르치면 아무것도 얻을 수 없음을 이르는 말.
주해 '나무〔木〕에 올라가〔緣〕 물고기〔魚〕를 구한다〔求〕'는 뜻으로, 불가능한 일을 억지로 하려고 함.

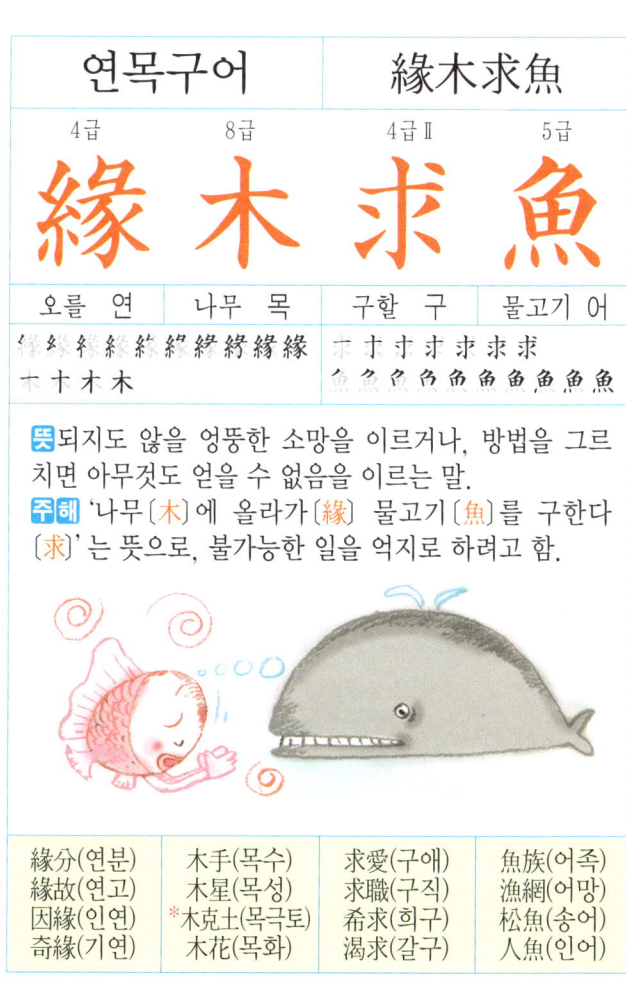

緣分(연분)	木手(목수)	求愛(구애)	魚族(어족)
緣故(연고)	木星(목성)	求職(구직)	漁網(어망)
因緣(인연)	※木克土(목극토)	希求(희구)	松魚(송어)
奇緣(기연)	木花(목화)	渴求(갈구)	人魚(인어)

※**木克土**(목극토):오행설에서, 나무가 흙을 이긴다는 뜻.

緣分 緣故 因緣 奇緣

木星 木克土 木花

求愛 求職 希求 渴求

魚族 漁網 松魚 人魚

緣木求魚

세속오계	世俗五戒
7급 4급Ⅱ	8급 4급

인간 세	속세 속	다섯 오	계율 계
世十世世世	俗亻俨俨俗俗俗	五丁五五	戒一二三五戒戒戒

뜻 신라 시대에 원광법사가 화랑들에게 지켜야 할 것으로 제시한 다섯 가지 계율.

주해 世俗五戒는 사군이충(事君以忠) · 사친이효(事親以孝) · 교우이신(交友以信) · 임전무퇴(臨戰無退) · 살생유택(殺生有擇).

世上(세상)	俗世(속세)	五道(오도)	戒律(계율)
世界(세계)	俗語(속어)	五輪(오륜)	戒告(계고)
世態(세태)	俗談(속담)	五十步百步	戒嚴(계엄)
世波(세파)	風俗(풍속)	(오십보백보)	十戒(십계)

사통팔달	四通八達
8급 6급	8급 4급Ⅱ

四通八達

넉 사	통할 통	여덟 팔	이를 달
一 冂 冂 四 四	丆 冃 冃 甬 甬 通 通 通	丿 八	一 十 土 壴 壴 幸 幸 逹 達 達

뜻 어떤 지역이나 길이 사방팔방으로 두루 통함.
주해 四通八達은 도로가 잘 되어 있고 교통이 좋아 어느 방향으로나 다 통한다는 뜻이다. 비 사통오달(四通五達).

四面楚歌 (사면초가)	通勤(통근)	八朔(팔삭)	達人(달인)
四分五裂 (사분오열)	通帳(통장)	八道江山 (팔도강산)	達成(달성)
	通知(통지)		通達(통달)
	流通(유통)	八字(팔자)	未達(미달)

四通八達

四面楚歌	四分五裂
通勤	通帳	通知	流通
八朔	八道	江山	八字
達人	達成	通達	未達

천재일우	千載一遇
7급 3급Ⅱ	8급 4급

일천 천	해 재	한 일	만날 우
千千千	載載載載壽壹車載載載	一	遇遇遇遇禺禺禺遇遇

뜻 좀처럼 만나기 어려운 기회를 이르는 말.
주해 千載一遇는 천 년에 한 번 만날 수 있는 기회란 뜻으로, 동진(東晉)의 학자로서 동양태수를 역임한 원굉(袁宏)의 시문 가운데 나오는 문구임. 비 만세일시(萬歲一時), 천추일시(千秋一時).

千歲(천세)	揭載(게재)	一聲(일성)	奇遇(기우)
千萬(천만)	記載(기재)	一周(일주)	待遇(대우)
數千(수천)	連載(연재)	一人二役	不遇(불우)
幾千(기천)	積載(적재)	(일인이역)	遭遇(조우)

千歲 千萬 數千 幾千

揭載 記載 連載 積載

一聲 一周 一人二役

奇遇 待遇 不遇 遭遇

사면초가	四面楚歌
8급　　　7급	2급　　　7급

四面楚歌

넉 사	방향 면	초나라 초	노래 가
1 口 冂 四 四	一 ア 丙 而 而 面 面 面 面	楚楚楚楚楚楚楚楚楚楚	歌歌歌歌歌歌歌歌歌歌

뜻 누구의 도움도 받을 수 없는 고립된 상태를 이르는 말.
주해 '사면에서 들려오는 楚나라 노래'란 뜻으로, 楚나라의 항우(項羽)가 포위되었을 때 사방을 둘러싼 한(漢)나라의 군사들이 楚나라의 노래를 부르자, 적군 중에 楚나라 사람들이 많이 있음을 한탄하였다는 고사에서 유래.

四君子(사군자)	面面(면면)	楚撻(초달)	歌舞(가무)
四書(사서)	地面(지면)	楚囚(초수)	歌謠(가요)
四方(사방)	書面(서면)	苦楚(고초)	歌手(가수)
四輪(사륜)	側面(측면)	淸楚(청초)	歌曲(가곡)

四君子 四書 四輪

面面 地面 書面 側面

楚撻 楚囚 苦楚 淸楚

歌舞 歌謠 歌手 歌曲

四面楚歌

사기충천	士氣衝天
5급 7급	3급Ⅱ 7급

士氣衝天

군사 사	기운 기	찌를 충	하늘 천
士 十 士	氣氣氣气气氣氣氣氣氣	衝衝衝衝衝衝衝衝衝衝	天 天 天 天

뜻 사기가 하늘을 찌를 듯이 높음.
주해 군사의 기운〔士氣〕이 하늘을 찌른다〔衝天〕는 뜻이다. 의로운 기운이 하늘을 찌른다는 뜻인 의기충천(意氣衝天), 성난 기운이 하늘을 찌른다는 노기충천(怒氣衝天)도 있다.
예 士氣衝天한 병사들.

士氣(사기)	氣勢(기세)	衝天(충천)	天文地理
士官學校	氣量(기량)	衝突(충돌)	(천문지리)
(사관학교)	氣合(기합)	衝擊波(충격파)	天界(천계)
軍士(군사)	勇氣(용기)	要衝地(요충지)	天性(천성)

士氣 士官學校 軍士

氣勢 氣量 氣合 勇氣

衝突 衝擊波 要衝地

天文地理 天界 天性

士氣衝天

빙탄지간	氷炭之間

5급　　5급　　3급Ⅱ　　7급

氷炭之間

얼음 빙	숯 탄	어조사 지	사이 간

氵 氺 氷 氷 氷　　　　　之 之 之
炭 炭 炭 炭 炭 炭 炭 炭 炭　　門 門 門 門 門 間 間 間

뜻 사물의 성질이 정반대여서 도저히 서로 융합될 수 없는 사이를 이르는 말.

해 '얼음(氷)과 숯(炭)은 서로 어울리지 않는다'는 뜻. 숯불 위에 얼음을 얹어놓으면 얼음이 녹으면서 숯불을 꺼뜨린다. 서로가 서로를 해치는 것이다. **비** 물과 기름 사이.

氷水(빙수)	炭鑛(탄광)	人之常情(인지상정)	間隔(간격)
氷菓(빙과)	炭夫(탄부)		間諜(간첩)
結氷(결빙)	煉炭(연탄)	老馬之智(노마지지)	時間(시간)
水氷(수빙)	褐炭(갈탄)		空間(공간)

氷水	氷菓	結氷	水氷
炭鑛	炭夫	煉炭	褐炭
人之	常情	老馬	之智
間隔	間諜	時間	空間

문전성시	門前成市
8급　　　7급	6급　　　7급

門 前 成 市

문 문	앞 전	이룰 성	시장 시
門門門門門門門	前前前前前前前	成成成成成成	市市市市市

뜻 권세가나 부잣집에 방문객이 많거나, 상점이나 장사 하는 집에 손님이 많아 문앞이 방문객으로 저자(시장) 를 이루다시피 붐빈다는 말.

주해 門前成市는 '문앞〔門前〕이 저자〔市〕를 이룬다 〔成〕'는 뜻.

門下生(문하생)	前烈(전열)	成功(성공)	市長(시장)
城門(성문)	前後(전후)	成敗(성패)	市道(시도)
大門(대문)	*前代未聞	成就(성취)	市民(시민)
專門(전문)	(전대미문)	成實(성실)	都市(도시)

※**前代未聞**(전대미문):지금까지 들어 본 적이 없는 새로운 일을 이르는 말. 유례가 없음.

문방사우		文房四友	
7급	4급Ⅱ	8급	5급
文	房	四	友
글 문	방 방	넉 사	벗 우

뜻 글을 배우는 사람들이 글을 읽고 배우는 글방에서 늘 가까이 사용하는 기구. 즉, 문방구 가운데에서 가장 중요한 종이·먹·붓·벼루, 네 가지를 일컫는 말. 간단히 四友라고도 함.

文盲(문맹)	房門(방문)	四面(사면)	友情(우정)
文物(문물)	房事(방사)	四方(사방)	友愛(우애)
文藝(문예)	房貰(방세)	四面楚歌	親友(친우)
文獻(문헌)	煖房(난방)	(사면초가)	學友(학우)

文盲 文物 文藝 文獻

房門 房事 房貰 煖房

四面 四方 四面楚歌

友情 友愛 親友 學友

文房四友

97

불가항력	不可抗力

7급	5급	4급	7급
不	可	抗	力
없을 불	가능할 가	막을 항	힘 력
不 不 不 不 可 可 可 可 可	抗 抗 抗 抗 抗 抗 力 力

뜻 사람의 힘으로는 저항할 수 없는 힘. 외부에서 생긴 사고에서 사회 통념상의 주의나 예방으로는 방지할 수 없는 일.

주해 不可抗力으로 인한 피해를 천재지변(天災地變), 또는 재앙(災殃)이라고 한다.

*不要不急 (불요불급) 不良(불량) 不請客(불청객)	可能(가능) 可燃性(가연성) 可否(가부) 許可(허가)	抗拒(항거) 抗議(항의) 抵抗(저항) 反抗(반항)	力道(역도) 力器(역기) 體力(체력) 國力(국력)

※不要不急(불요불급):꼭 필요하거나 급하지 않음.

不	要	不	急	不	請	客
可	能	可	燃	性	許	可
抗	拒	抗	議	抵	抗	反	抗
力	道	力	器	體	力	國	力

문경지교	刎頸之交

刎頸之交
1급 　　 3급Ⅱ 　　 6급

목 벨 문	목 경	어조사 지	사귈 교

刎 勹 勹 刎 刎 刎
頸 頸 頸 頸 頸 頸 頸 頸 頸
之 之 之
交 交 交 交 交 交

뜻 ①친구를 위해서라면 목숨을 아끼지 않을 정도로 매우 절친한 사귐을 이르는 말. ②죽고 살기를 같이하는 친한 사이의 벗을 이르는 말.

주해 刎頸之交는 '목을 베어 줄 수 있을 정도로 절친한 사귐'이란 뜻.

刎頸之友 (문경지우) *刎頸(문경)	頸骨(경골) 頸筋(경근) 頸動脈(경동맥) 頸部(경부)	犬馬之勞 (견마지로) 百年之客 (백년지객)	交際(교제) 交換(교환) 交友(교우) 交遊(교유)

*刎頸(문경):목을 벰. 해고(解雇)함.

刎	頸	之	友	刎	頸	頸	骨

頸	筋	頸	動	脈	頸	部

犬	馬	之	勞	百	年	之	客

交	際	交	換	交	友	交	遊

刎	頸	之	交
刎	頸	之	交
刎	頸	之	交
刎	頸	之	交

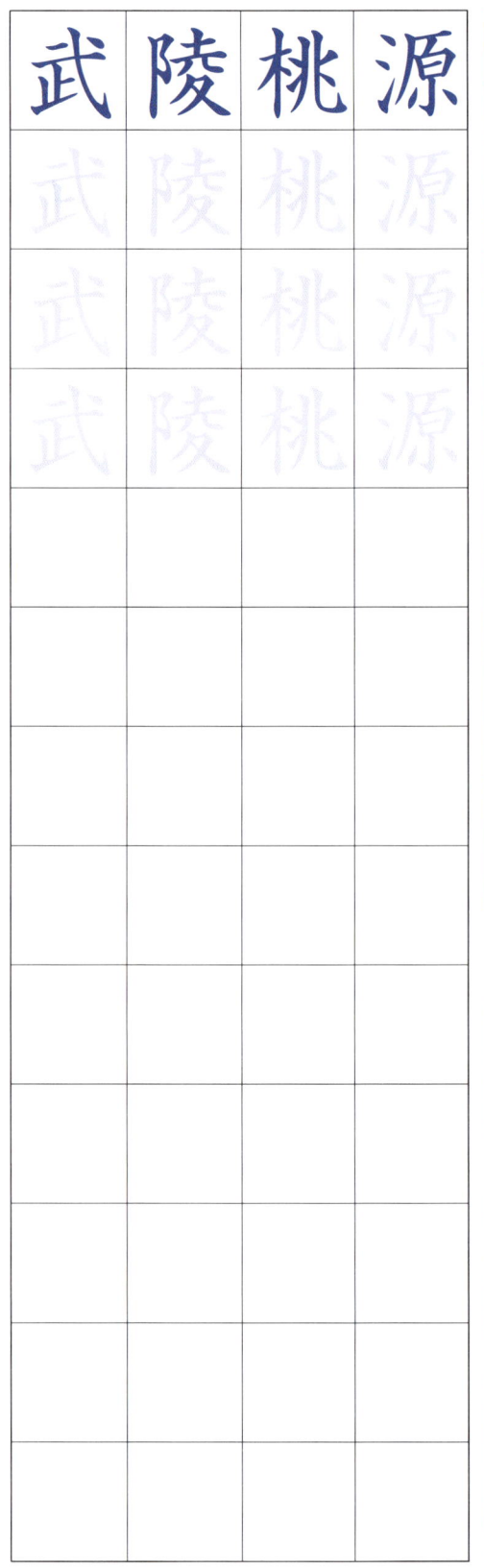

무릉도원	武陵挑源
4급Ⅱ 3급Ⅱ	3급 4급

武 陵 桃 源

| 호반 무 | 언덕 릉 | 복숭아 도 | 근원 원 |

뜻 속세와 완전히 떨어진 별천지를 이르는 말.
주해 '武陵 지방에 있는 복숭아꽃의 근원지'라는 뜻으로, 도연명의 도화원기(桃花源記)에 나오는 武陵挑源 은 어부가 경험했던 마을처럼 모든 사람들이 아무 걱정 없이 평화롭게 살아가는 이상향을 뜻한다.

武士(무사)	陵園(능원)	桃花(도화)	源泉(원천)
武道(무도)	西五陵(서오릉)	桃花酒(도화주)	根源(근원)
武藝(무예)	昌陵(창릉)	黃桃(황도)	水力資源
武裝(무장)	貞陵(정릉)	白桃(백도)	(수력자원)

武	士	武	道	武	藝	武	裝
陵	園	西	五	陵		貞	陵
桃	花	酒	黃	桃		白	桃
源	泉	根	源	水	力	資	源

불가사의	不可思議

7급	5급	5급	4급Ⅱ
不	可	思	議
없을 불	가능할 가	생각할 사	의논할 의
不不不不	可可可可可	思思思思思思思思思	議議議議議議議議議議

뜻 심오하고 신기하여 사람의 생각으로는 헤아려 알 수가 없음. 또는 그 일.

주해 不可思議의 뜻은 글자 그대로 생각[思]이나 의논[議]조차 할 수 없음이다[不可].

예 우주의 블랙홀은 정말 不可思議한 현상 중 하나다.

不足(부족) 不得不(부득불) *不撓不屈 (불요불굴)	可能(가능) 可觀(가관) 可決(가결) 許可(허가)	思慕(사모) 思想(사상) 思索(사색) 思考(사고)	議論(의론) 議長(의장) 議會(의회) 議決(의결)

※不撓不屈(불요불굴):한번 결심한 마음이 흔들리거나 굽히지 않음.

不足 不得 不撓 不屈

可能 可觀 可決 許可

思慕 思想 思索 思考

議論 議長 議會 議決

不可思議

방약무인	傍若無人

3급　　3급Ⅱ　　5급　　8급

傍若無人

곁 방　　같을 약(야)　　없을 무　　사람 인

뜻 주위의 다른 사람을 전혀 의식하지 않고 거리낌없이 제멋대로 마구 행동함을 이르는 말.

주해 傍若無人은 '곁〔傍〕에 사람〔人〕이 없는〔無〕 것 같이 여긴다〔若〕'는 뜻이다.

傍刻(방각)	若干(약간)	無限(무한)	人間(인간)
傍觀(방관)	萬若(만약)	無顔(무안)	人名(인명)
傍系血族	般若心經	無知(무지)	人心(인심)
(방계혈족)	(반야심경)	無常(무상)	人性(인성)

백미-白眉		불혹-不惑	
7급	3급	7급	3급Ⅱ
白	眉	不	惑
흰 백	눈썹 미	아닐 불	미혹될 혹

뜻 ①형제 중에서 가장 뛰어난 사람을 이름. ②여럿 중에서 가장 뛰어난 사람이나 물건을 이르는 말.
주해 白眉는 '흰 눈썹'이란 뜻이다.

뜻 세상의 일에 혹하지 않음. 나이 마흔을 가리킴.
주해 공자가 자신의 일생을 돌아보고 학문의 심화 과정을 술회한 단계 중에서 유래.

白雪(백설)　眉間(미간)　不平(불평)　惑世誣民(혹세무민)
白花(백화)　蛾眉(아미)　不安(불안)　惑星(혹성)
純白(순백)　*眉目秀麗(미목수려)　不滿(불만)　迷惑(미혹)
餘白(여백)　　　　　　不治(불치)

*眉目秀麗(미목수려): 얼굴이 빼어나게 아름다움.

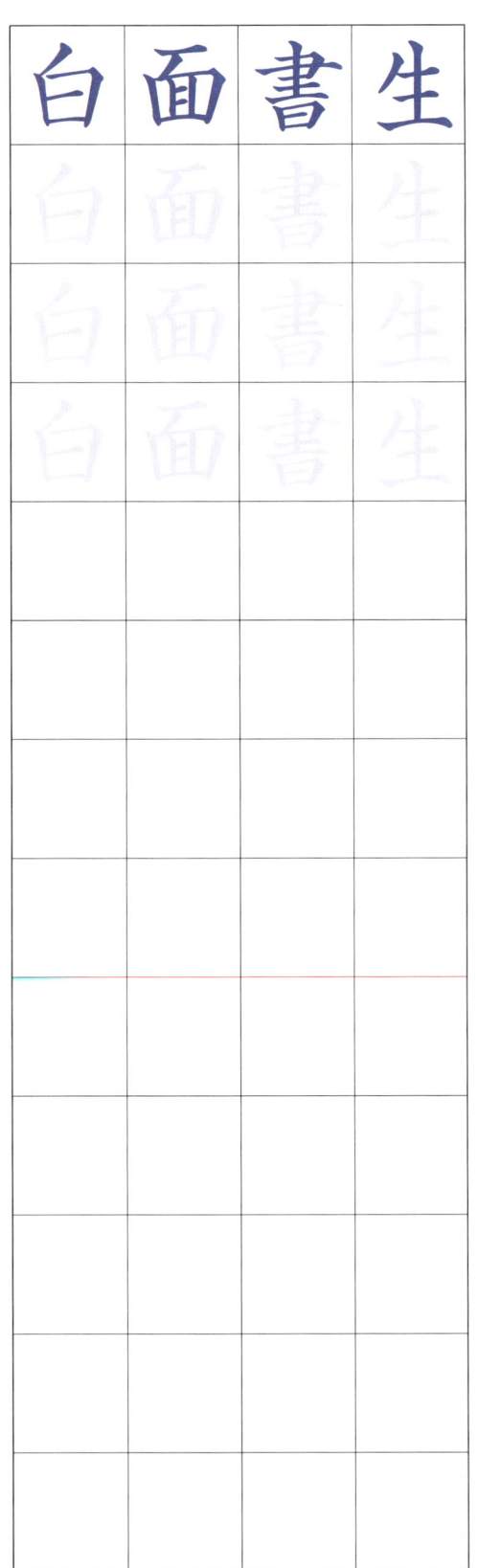

| 백면서생 | | 白面書生 | |
| 7급 | 7급 | 6급 | 8급 |

白 面 書 生

| 흰 백 | 얼굴 면 | 글 서 | 서생 생 |

白ノ白白白
面一丁丁历而而面面面
書書書書書書書書書書
生ノ十生生

뜻 오로지 글만 읽고 세상일에 경험이 없는 젊은이를 이르는 말.
주해 白面書生은 햇볕을 받지 않은, '흰 얼굴로 글만 읽으며 사는 사람'이란 뜻임.

白晝(백주)	面相(면상)	書畵(서화)	生徒(생도)
白夜(백야)	面對(면대)	書籍(서적)	生活(생활)
白痴(백치)	對面(대면)	書庫(서고)	生計(생계)
白鏡(백경)	場面(장면)	書册(서책)	生必品(생필품)

白晝	白夜	白痴	白鏡
面相	面對	對面	場面
書畵	書籍	書庫	書册
生徒	生活	生必品	

백년해로	百年偕老
7급 8급	1급 7급

百 年 偕 老

일백 백	해 년	함께 해(개)	늙을 로
百一丆丆百百百	年丿𠂉乍乍年年	偕亻亻亻亻併併偕偕	老耂耂耂老老

뜻 부부가 되어 서로 사이가 좋고 즐겁게 함께 늙음.
주해 百年偕老란 부부 어느 한쪽이 먼저 죽거나 사별하거나, 혹은 마음이 변하여 헤어지는 일 없이 오래도록 함께 늙는다는 말이다.
예 부부가 百年偕老하는 것보다 더 큰 복이 없다.

| 百發百中 (백발백중) 百姓(백성) 百穀(백곡) | 年度(연도) 年輪(연륜) 年限(연한) 年歲(연세) | *偕樂(해락) *偕老同穴 (해로동혈) | 老患(노환) 老人(노인) 老鍊(노련) 老衰(노쇠) |

*偕樂(해락):여러 사람이 함께 즐김. *偕老同穴(해로동혈):살아서는 같이 늙고 죽어서는 같이 묻힘.

百發百中 百姓 百穀
年度 年輪 年限 年歲
偕樂 偕老同穴
老患 老人 老鍊 老衰

百 年 偕 老

부전자전	父傳子傳
8급　　5급	7급　　5급

父 傳 子 傳

아비 부　전할 전　자식 자　전할 전

父父父父
亻偅偅偅俥俥傳傳

了了子
亻偅偅偅俥俥傳傳

뜻 대대로 아버지가 아들에게 전함. 혹은 아버지와 자식이 서로 비슷함.

주해 아버지의 성격이나 재능·외모 등이 자식에게 그대로 전해지는 경우를 父傳子傳 이라고 한다.

| 父子有親
(부자유친)
嚴父
慈父(자부) | 傳來(전래)
傳乘(전승)
傳說(전설)
傳統(전통) | 子孫(자손)
子子孫孫
(자자손손)
子女(자녀) | 傳達(전달)
傳送(전송)
傳播(전파)
遺傳(유전) |

父子有親 嚴父 慈父

傳來 傳乘 傳說 傳統

子孫 子子 孫孫 子女

傳達 傳送 傳播 遺傳

부화뇌동	附和雷同
3급Ⅱ　　6급	3급　　7급

附和雷同

| 따를 부 | 화합할 화 | 천둥 뢰 | 함께 동 |

附附附附附附附
和千千禾禾和和
雷雷雷雷雷雷雷雷雷
同同同同同同

뜻 자신의 뚜렷한 소신 없이 남이 하는 대로 따라감을 이르는 말.
주해 附和雷同은 '우렛소리에 맞춰 함께한다'는 뜻으로, 아무런 주견(主見)이 없이 남의 의견이나 행동에 덩달아 따름.

附着(부착)	和合(화합)	雷聲霹靂	同志(동지)
附加稅(부가세)	和親(화친)	(뇌성벽력)	同格(동격)
附與(부여)	調和(조화)	雷管(뇌관)	同等(동등)
寄附(기부)	親和(친화)		同時(동시)

附着 附加稅 附與

和合 和親 調和 親和

雷聲 霹靂 雷管 附着

同志 同格 同等 同時

附和雷同

배수진	背水陣

4급Ⅱ　8급　4급

背 水 陣

등 배	물 수	진칠 진

背背背背背背背背
　水水水水
陣陣陣陣陣陣陣陣

뜻 목숨을 걸고 어떤 일에 대처하는 경우를 비유한 말.
주해 背水陣은 '물을 등지고 친 진지'라는 뜻으로, 한나라 고조 유방(劉邦)이 제위에 오르기 2년 전, 명장 한신(韓信)이 유방의 명에 따라 위나라를 쳐부순 다음 조나라로 쳐들어갔을 때의 일에서 유래.

背反(배반)	水面(수면)	陣地(진지)
背景(배경)	水量(수량)	陣頭(진두)
*背恩忘德	貯水池(저수지)	陣營(진영)
(배은망덕)	水力(수력)	防禦陣(방어진)

*背恩忘德(배은망덕) : 입은 은혜를 저버리고 배반하는 일.

108

등용문	登龍門

登山(등산)	龍顔(용안)	門外漢(문외한)
登記(등기)	*龍虎相搏	大門(대문)
登頂(등정)	(용호상박)	城門(성문)
登場(등장)	恐龍(공룡)	專門(전문)

*龍虎相搏(용호상박):용과 범이 서로 싸움. 곧 강자끼리 승부를 겨루는 일.

登山 登記 登頂 登場

龍顔 龍虎相搏 恐龍

門外漢 大門 城門

專門

두문불출	杜門不出
2급 8급	7급 7급

杜門不出

잠글 두	문 문	아니 불	날 출
杜杜杜杜杜杜杜	門門門門門門門門	不不不不	出出出出出

뜻 집 안에만 틀어박혀 밖에 나가지 않는 것.
주해 이성계가 조선을 건국하자 고려의 충신들이 두문동(杜門洞:경기도 개풍군 광덕산 서쪽의 옛 지명)에 모여 살면서 일절 밖으로 나오지 않았다는 고사에서 나온 말.

| 杜甫(두보) 交通杜絶 (교통두절) | 門閥(문벌) 大門(대문) 城門(성문) 專門(전문) | 不法(불법) 不倫(불륜) 不平(불평) 不世出(불세출) | 出發(출발) 出世(출세) 出場(출장) 出典(출전) |

杜甫	交通杜絶	不法
門閥	大門	城門	專門
不倫	不平	不世出
出發	出世	出場	出典

동상이몽	同床異夢

7급 4급Ⅱ 4급 3급Ⅱ

同 床 異 夢

같을 동   평상 상   다를 이   꿈 몽

同同同同同同
床床床床床床床

異異異異異異異異異異
夢夢夢夢夢夢夢夢夢夢

뜻 겉으로는 같이 행동하면서도, 속으로는 각각 다른 생각을 함.
주해 同床異夢은 같은 자리에서 자면서 꿈을 다르게 꾼다는 뜻.

同姓(동성)   床石(상석)   *異口同聲   醉生夢死(취생몽사)
同化(동화)   起床(기상)   (이구동성)   夢想(몽상)
同名異人   病床(병상)   異見(이견)   現夢(현몽)
(동명이인) 溫床(온상)   差異(차이)

※異口同聲(이구동성):입은 다르나 목소리는 같음. 곧 여러 사람의 말이 한결같음.

同	姓	同	化	同	名	異	人
床	石	起	床	病	床	溫	床
異	口	同	聲	異	見	差	異
醉	生	夢	死	夢	想	現	夢

同	床	異	夢
同	床	異	夢
同	床	異	夢
同	床	異	夢

만전지책　萬全之策

8급	7급	3급Ⅱ	3급Ⅱ
萬	全	之	策
일만 만	온전 전	어조사 지	계책 책

萬萬萬萬萬萬萬萬萬萬
全全全全全全
之之之
策策策策策策策策策策

뜻 상황에 맞는 계책. 작은 틈도 찾을 수 없는 완벽한 계책. 실패의 위험성이 조금도 없는 안전한 계책을 이르는 말.

주해 萬全之策은 수많은 완전한 대책을 뜻함.

萬壽無疆 (만수무강) 萬歲(만세) 萬物商(만물상)	全貌(전모) 全城(전성) 完全(완전) 純全(순전)	犬馬之勞 (견마지로) 人之常情 (인지상정)	策士(책사) 對策(대책) 秘策(비책) 術策(술책)

萬壽無疆　萬物商

全貌　全城　完全　純全

犬馬之勞　人之常情

策士　對策　秘策　術策

마이동풍	馬耳東風
5급　　5급	8급　　6급

馬耳東風

말 마	귀 이	동녘 동	바람 풍

馬馬馬馬馬馬馬馬
耳耳耳耳耳耳
東東東東東東東東
風風風風風風風風

뜻 남의 의견이나 충고의 말을 귀담아듣지 않고 흘려 버림을 이르는 말.

주해 馬耳東風은 '말의 귀에 동풍이 불어도 전혀 느끼지 못한다'는 뜻이다.

※東問西答(동문서답):물음에 대하여 엉뚱하게 대답함을 이르는 말.
※東奔西走(동분서주):여기저기 바삐 돌아다님을 이르는 말

馬券(마권)	耳鼻咽喉科	※東問西答	風浪(풍랑)
馬夫(마부)	(이비인후과)	(동문서답)	風速(풍속)
乘馬(승마)	※耳目口鼻	※東奔西走	風味(풍미)
競馬(경마)	(이목구비)	(동분서주)	風波(풍파)

※耳目口鼻(이목구비):귀·눈·입·코를 중심으로 본 얼굴의 생김새.

馬券 馬夫 乘馬 競馬

耳鼻咽喉科 目口鼻

東問西答 東奔西走

風浪 風速 風味 風波

馬耳東風

막상막하		莫上莫下	
3급Ⅱ	7급	3급Ⅱ	7급

莫 上 莫 下

| 없을 막 | 위 상 | 없을 막 | 아래 하 |

莫莫莫莫莫莫莫莫莫莫
上上上
莫莫莫莫莫莫莫莫莫莫
下下下

뜻 더 낫고 더 못함의 차이가 없음.
주해 세력이 비슷하여 우열을 가리기 어려울 때 흔히 난형난제(難兄難弟)·백중지세(伯仲之勢), 또는 莫上莫下라고 한다.

莫强(막강)	上下(상하)	莫逆之友	下級(하급)
莫大(막대)	上典(상전)	(막역지우)	下水道(하수도)
莫論(막론)	上士(상사)	*莫强之兵	下流(하류)
寂莫(적막)	上昇(상승)	(막강지병)	下層(하층)

*莫强之兵(막강지병): 매우 강한 군사.

莫	强	莫	大	莫	論	寂	莫
上	下	上	典	上	士	上	昇
莫	逆	之	友	莫	强	之	兵
下	級	下	水	道	下	層	

만고강산		萬古江山	
8급	6급	7급	8급

萬 古 江 山

일만 만	옛 고	물 강	메 산
萬萬萬萬萬萬萬萬萬		江江江江江	
古古古古古		山山山	

뜻 오랜 세월을 통하여 변함이 없는 산천.
주해 萬古는 아주 옛날부터 지금까지 이르기까지의 오랜 세월과 영원함을 뜻한다. 江山은 글자 그대로 강과 산이다.

萬感(만감)	古代(고대)	江水(강수)	山菜(산채)
萬壽無疆 (만수무강)	古典(고전) *古稀(고희)	江邊(강변) 江村(강촌)	*山高水長 (산고수장)
萬歲(만세)	太古(태고)	江河(강하)	山所(산소)

*古稀(고희): 일흔 살. *山高水長(산고수장): 산은 높고 물은 깊. 어진 사람의 높은 인격을 뜻함.

萬	感	萬	壽	無	疆	萬	歲
古	代	古	典	古	稀	太	古
江	水	江	邊	江	村	江	河
山	菜	山	高	水	長	山	所

물외한인 物外閑人

7급 8급 4급 8급

物 外 閑 人

만물 물 | 바깥 외 | 한가할 한 | 사람 인

뜻 현실적인 일에 관여하지 않고 한가롭게 지내는 사람.

주해 物外閑人은 가난을 두려워하거나 물욕에 물들지 않고 세상의 온갖 번잡한 일들에서 벗어나 있는 사람을 말한다.

物件(물건)	外人(외인)	閑暇(한가)	人格(인격)
物象(물상)	外部(외부)	閑寂(한적)	仁術(인술)
物體(물체)	外向(외향)	等閑(등한)	人跡(인적)
物資(물자)	外國(외국)	忙中閑(망중한)	人間(인간)

대동소이	大同小異
8급 7급	8급 4급

大同小異

큰 대	같을 동	작을 소	다를 이
一ナ大		小小小	
同同同同同同		異異異異異異異異異異	

뜻 조금 다른 데도 있으나 전체적으로는 거의 같음.
주해 大同小異는 크게 보면〔大〕같고〔同〕작게 보면〔小〕다르다〔異〕는 뜻.
예 작년 팜플렛과 올해의 것은 大同小異하다.

大監(대감)	同床異夢	小國(소국)	異見(이견)
大小(대소)	(동상이몽)	小量(소량)	異狀(이상)
大將(대장)	同甲(동갑)	小包(소포)	異狀(이견)
大虎(대호)	同窓(동창)	小兒(소아)	異狀(차이)

大	同	小	異

大監	大小	大將	大虎
同床	異夢	同甲	同窓
小國	小量	小包	小兒
異見	異狀	異狀	異狀

117

남존여비	男尊女卑
7급　　4급Ⅱ	8급　　3급Ⅱ

사내 남	높을 존(준)	계집 녀	낮을 비
男男男男男男男	𠆢今今今合酋酋尊尊	乂女女	丿丆白甶甶甶卑卑

뜻 남성을 존중하고 여성을 경시하는 일, 또는 그런 사회 관습.

주해 男尊女卑는 남자는 높고 귀하며, 여자는 낮고 천하다고 여기는 일. 봉건 시대(특히, 조선 시대)에 널리 받아들여졌던 생각임. 반 여존남비(女尊男卑)

男便(남편)	尊待(존대)	女王(여왕)	卑怯(비겁)
男裝(남장)	尊敬(존경)	女婢(여비)	卑賤(비천)
南男北女	尊嚴(존엄)	女性(여성)	卑屈(비굴)
(남남북녀)	尊重(존중)	女史(여사)	卑陋(비루)

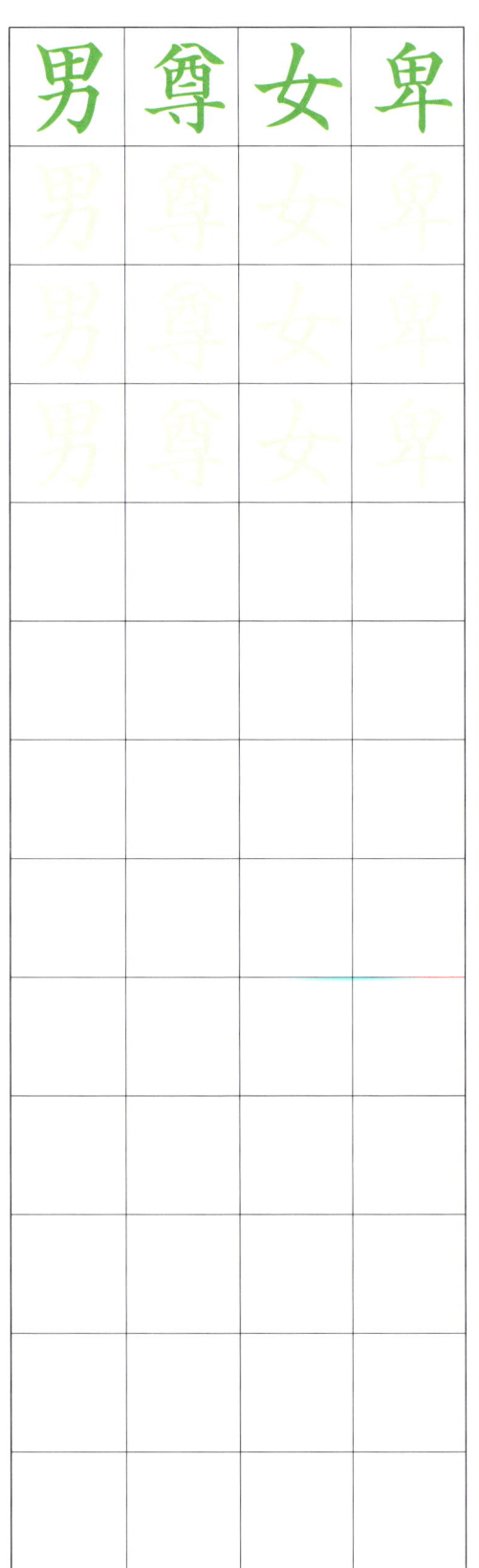

막역지우	莫逆之友
3급Ⅱ 4급Ⅱ	3급Ⅱ 5급

莫 逆 之 友

없을 막	거스를 역	어조사 지	벗 우
莫莫莫莫莫莫莫莫莫莫	逆逆逆逆逆逆逆逆逆逆	之之之	友大友友

뜻 의기투합하여 아주 친밀한 벗을 이르는 말.
주해 莫逆之友란 '거리낌이 없는 친구'란 뜻으로, 마음이 서로 맞아 거스르는 일이 없어 생사(生死)를 같이 할 만한 벗을 뜻한다.

莫上莫下 (막상막하) 莫重(막중) 適莫(적막)	逆謀(역모) 逆臣(역신) 逆流(역류) 反逆(반역)	人之常情 (인지상정) 老馬之智 (노마지지)	友情(우정) 友愛(우애) 文房四友 (문방사우)

문일지십	聞一知十
6급　　　8급	5급　　　8급

聞一知十

들을 문	한 일	알 지	열 십
聞聞聞門門門門門聞聞一		知知知矢矢知知知十	

뜻 머리가 매우 좋음을 이르는 말.
주해 '하나를 들으면 열을 안다'는 뜻. 일부분을 통해 다른 만사를 미루어 안다는 말로, 공자의 물음에 제자가, "안회는 하나를 들으면 열을 깨치는〔聞一知十〕사람입니다."에서 유래.

見聞(견문)	一時(일시)	知覺(지각)	*十年知己
新聞(신문)	一種(일종)	知能(지능)	(십년지기)
所聞(소문)	一部(일부)	無知莫知	數十(수십)
風聞(풍문)	一體(일체)	(무지막지)	十誡命(십계명)

*十年知己(십년지기):오랫동안 사귀어 자기를 잘 아는 친구.

見聞	新聞	所聞	風聞
一時	一種	一部	一體
知覺	知能	無知	莫知
十年知己		十誡命	

백년지객 百年之客

7급　8급　3급Ⅱ　5급

百 年 之 客

일백 백　해 년　어조사 지　손님 객

百 一 丁 万 百 百
年 一 仁 乍 圧 年 年

丶 ㇏ 之
宀 宀 宁 宊 宊 客 客 客

뜻 아무리 스스럼이 없어져도 언제나 예의를 갖추어 맞아야 할 손님. 곧 사위를 이르는 말.

주해 百年之客은 '언제까지나 깍듯이 대해야 하는 어려운 손님'이라는 뜻으로, 사위를 '백년 손님'이라고 부른다.

| 百發百中 (백발백중) 百濟(백제) 數百(수백) | 年末(연말) 年初(연초) 年中行事 (연중행사) | 犬馬之勞 (견마지로) 人之常情 (인지상정) | 客車(객차) 旅客(여객) 旅客船(여객선) 醉客(취객) |

百發百中 百濟數百

年末年初 年中行事

犬馬之勞 人之常情

客車 旅客船 醉客

百 年 之 客

| 백의종군 | 白衣從軍 |

白衣從軍

| 흰 백 | 옷 의 | 좇을 종 | 군사 군 |

白 ノ 白 白 白
衣 亠 亠 产 衣 衣

從從從從從從從從
軍軍軍軍軍軍軍軍

뜻 ①벼슬이 없는 사람으로 군대를 따라 전장으로 감.
②어떠한 난관에도 굽히지 않고 이겨 나감을 이르는 말.

예 白衣從軍 하면, 충무공(忠武公) 이순신(李舜臣) 장군이 생각난다.

白花(백화)	衣裳(의상)	從者(종자)	軍隊(군대)
明明白白	衣類(의류)	從人(종인)	軍師(군사)
(명명백백)	衣食住(의식주)	侍從(시종)	軍國(군국)
黑白(흑백)	脫衣室(탈의실)	主從(주종)	軍資金(군자금)

白花 明明白白 黑白

衣裳 衣食住 脫衣室

從者 從人 侍從 主從

軍隊 軍師 軍資金

백절불굴	百折不屈

7급	4급	7급	4급
百	折	不	屈
일백 백	꺾일 절	아닐 불	굽힐 굴

뜻 굳세게 견디어서 조금도 굽히지 않음.
주해 百折不掘은 백 번 꺾여도 굽히지 않는다는 뜻으로, 의지가 굳세어서 비록 좌절하더라도 능히 잘 참아 내어 굽히지 않는다는 말이다. **비** 백절불요(百折不撓).

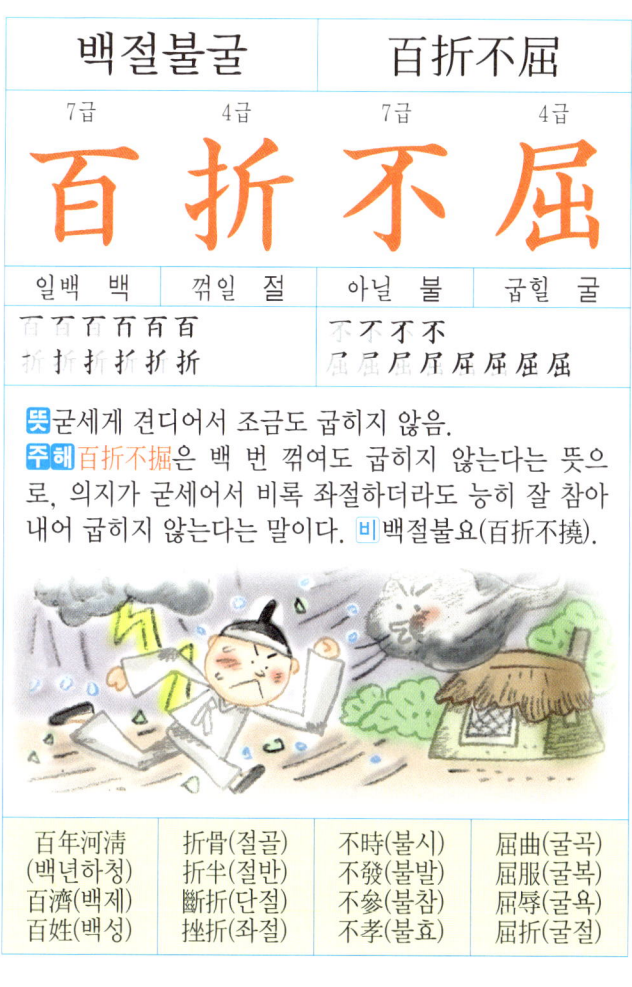

百年河淸(백년하청)	折骨(절골)	不時(불시)	屈曲(굴곡)
百濟(백제)	折半(절반)	不發(불발)	屈服(굴복)
百姓(백성)	斷折(단절)	不參(불참)	屈辱(굴욕)
	挫折(좌절)	不孝(불효)	屈折(굴절)

百年河淸 百濟 百姓

折骨 折半 斷折 挫折

不時 不發 不參 不孝

屈曲 屈服 屈辱 屈折

백년하청	百年河清

7급   8급   5급   6급

| 일백 백 | 해 년 | 강 하 | 맑을 청 |

百百百百百百
年年年年年年

河河河河河河河河
淸淸淸淸淸淸淸淸

🔵 **뜻** 아무리 오래 기다려도 사물이 이루어지기 어려움. 확실하지 않은(믿을 수 없는) 일을 언제까지나 기다림(기대함)을 이르는 말.

🔵 **주해** 百年河淸은 백 년을 기다린다 해도 황하의 흐린 물은 맑아지지 않는다는 뜻이다.

| 百發百中
(백발백중)
百萬(백만)
數百(수백) | 年度(연도)
年限(연한)
年次(연차)
年金(연금) | 河川(하천)
河流(하류)
山河(산하)
江河(강하) | 淸淨(청정)
淸雅(청아)
淸濁(청탁)
淸廉(청렴) |

백발백중 百發百中

7급	6급	7급	8급
百	發	百	中
일백 백	쏠 발	일백 백	맞힐 중

百百百百百百
發發發發發發發發
百百百百百百
中中中中

뜻 ①총·활 같은 것이 겨눈 곳에 꼭꼭 맞음. ②무슨 일이나 틀림없이 잘 들어맞는 것을 이르는 말.
주해 百發百中은 '활을 백 번 쏘아 백 번 맞힌다는 뜻'으로, 옛날 활을 쏠 때 쓰던 말이지만 지금은 총 쏠 때나 그밖의 모든 일이 생각한 대로 맞아 들어가는 것을 말한다.

百年河淸(백년하청)	發生(발생)	*百鬼夜行(백귀야행)	中間(중간)
百年(백년)	發足(발족)	百穀(백곡)	中流(중류)
百姓(백성)	發表(발표)	半百(반백)	中庸(중용)
	發想(발상)		中心(중심)

※百鬼夜行(백귀야행):온갖 잡귀가 밤에 나다닌다. 곧 흉악한 무리들이 날뛰는 어지러운 세상.

百年河淸 百年 百姓
發生 發足 發表 發想
百鬼夜行 百穀 半百
中間 中流 中庸 中心

| 백중지세 | 伯仲之勢 |

3급Ⅱ 3급 3급Ⅱ 4급Ⅱ

伯仲之勢

만 백   버금 중   어조사 지   형세 세

뜻 서로 우열을 가리기 힘든 형세. 서로 비금비금하여 우열을 가리기 힘든 형세를 이르는 말.

주해 伯仲之勢와 비슷한 말로는 백중지간(伯仲之間)·난형난제(難兄難弟)·막상막하(莫上莫下)가 있다.

伯父(백부)	仲裁(중재)	犬馬之勞	勢力(세력)
伯仲之間	仲介料(중개료)	(견마지로)	勢道(세도)
(백중지간)	仲介業(중개업)	百年之客	權門勢家
畫伯(화백)	仲秋節(중추절)	(백년지객)	(권문세가)

백척간두	百尺竿頭
7급　　　3급Ⅱ	1급　　6급

百 尺 竿 頭

| 일백 백 | 자 척 | 막대기 간 | 머리 두 |

百百百百百百
尺尺尺尺
竿竿竿竿竿竿竿竿竿
頭頭頭頭頭頭頭頭頭頭

뜻 ①위태로움과 어려움이 더할 수 없는 지경을 이르는 말. ②여럿 중에 제일 앞서 감.
주해 百尺竿頭는 '백 자나 되는 높은 장대 끝에 오른 것과 같다'는 뜻이다.

| ＊百家爭鳴
(백가쟁명)
百年河淸
(백년하청) | 尺貫法(척관법)
尺度(척도)
尺量(척량)
咫尺(지척) | 百尺竿頭
(백척간두)
＊釣竿(조간)
釣竿(조간): 낚싯대. | 頭巾(두건)
頭髮(두발)
頭狀(두상)
頭蓋骨(두개골) |

＊百家爭鳴(백가쟁명): 많은 학자나 논객이 거리낌없이 자유롭게 논쟁하는 일.

百	家	爭	鳴	百	年	河	淸
尺	貫	法	尺	度	尺	量	
百	尺	竿	頭	釣	竿		
頭	髮	頭	狀	頭	蓋	骨	

百	尺	竿	頭
百	尺	竿	頭
百	尺	竿	頭
百	尺	竿	頭

보국안민	輔國安民
2급　　　8급	7급　　　8급

輔 國 安 民

도울 보　나라 국　편안할 안　백성 민

뜻 나라를 돕고 백성을 편안하게 함.
주해 輔國安民을 표방하며 이 땅에 천국을 건설한다는 최재우가 내세운 동학의 이념은 당시 민중의 폭넓은 지지를 얻었다.

輔弼(보필)	國民(국민)	安定(안정)	民主(민주)
輔佐官(보좌관)	國歌(국가)	安逸(안일)	民生(민생)
輔國安民(보국안민)	國賓(국빈)	安寧(안녕)	民願(민원)
	國內(국내)	安心(안심)	民亂(민란)

輔弼　輔佐官

國民　國歌　國賓　國內

安定　安逸　安寧　安心

民主　民生　民願　民亂

부귀재천	富貴在天

4급Ⅱ 5급 6급 7급

富 貴 在 天

부유할 부	귀할 귀	있을 재	하늘 천
富富富富富富富富富富		在在在在在在	
貴貴貴貴貴貴貴貴貴貴		天天天天	

뜻 부귀는 하늘에 매어 있어 사람의 힘으로는 어찌 할 수 없다는 뜻.

주해 富貴在天, 즉 죽고 사는 것(生老病死)과 부유하고 귀한 것(富貴榮華)은 사람의 의지나 노력에 의한 것이 아니라, 모두 하늘의 뜻에 달려 있다는 것이다.

富者(부자)	貴重(귀중)	在職(재직)	天罰(천벌)
富裕(부유)	貴族(귀족)	在任(재임)	天然(천연)
富貴榮華	貴下(귀하)	現在(현재)	天恩(천은)
(부귀영화)	貴賤(귀천)	存在(존재)	天地(천지)

富者 富裕 富貴榮華

貴重 貴族 貴下 貴賤

在職 在任 現在 存在

天罰 天然 天恩 天地

富貴在天

불문곡직	不問曲直
7급 7급	5급 7급

不問曲直

아닐 불	물을 문	옳지 않을 곡	바를 직
不 不 不 不		曲 曲 曲 曲 曲	
問 問 問 問 門 門 門 問 問		直 直 直 直 直 直 直 直	

뜻 잘잘못을 따져 묻지 않음. 사실을 캐물어 따져 보지도 않고 곧바로 함. 다짜고짜.

주해 주로 '不問曲直하고'의 꼴로 쓰여, 옳고 그른 것을 묻지도 않고 함부로 마구 함을 이름.

不死鳥(불사조)	問答(문답)	曲線(곡선)	直線(직선)
不平等(불평등)	問項(문항)	曲流(곡류)	直說(직설)
不利(불리)	問題(문제)	曲解(곡해)	直喩(직유)
不況(불황)	質問(질문)	歪曲(왜곡)	直接(직접)

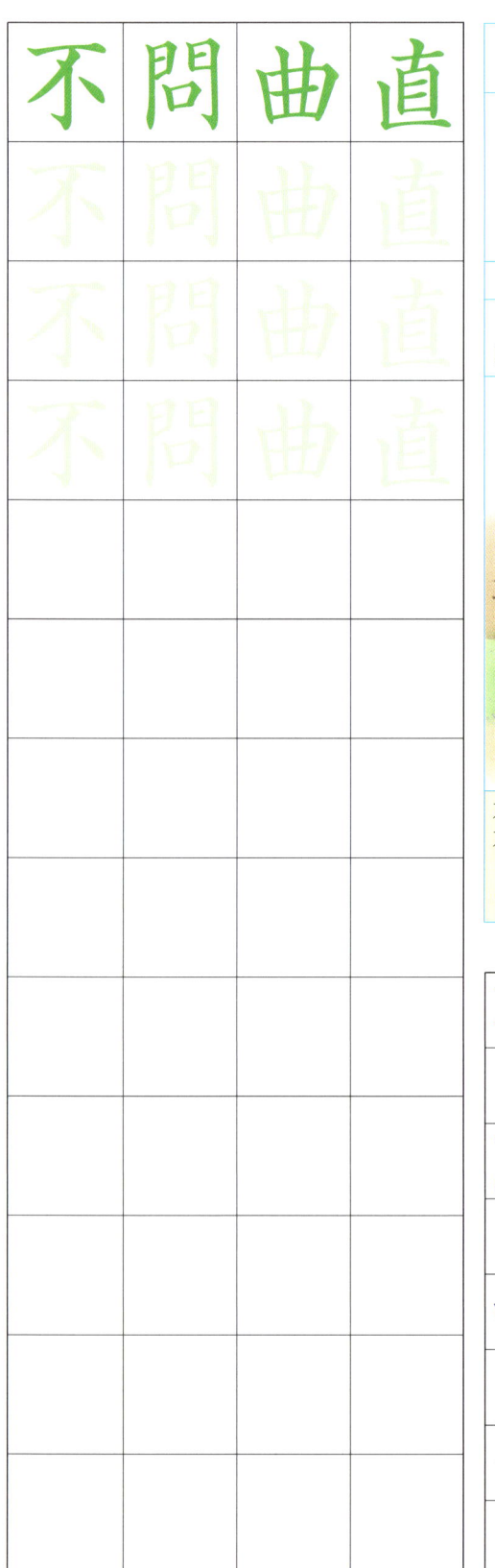

130

불원천리	不遠千里
7급 6급	7급 7급

不 遠 千 里

아닐 불	멀 원	일천 천	리 리
不 ア 不		千 千 千	
遠 遠 遠 遠 遠 遠 遠 遠 遠		里 里 里 里 里 里 里	

뜻 천 리를 멀다 하지 않음. 먼 길을 마다하지 않고 왕래함.

주해 千里는 정확한 거리를 나타내는 것이 아니라 '먼 거리'를 뜻한다. 不遠千里도 마찬가지다.

不偏不黨 (불편부당) 不條理(부조리) 不在(부재)	遠征(원정) 遠足(원족) 遠景(원경) 遠視(원시)	千載一遇 (천재일우) *千態萬象 (천태만상)	五里霧中 (오리무중) 萬里長城 (만리장성)

※ **千態萬象**(천태만상):먼 세월. 썩 오랜 세월.

不偏不黨 不條理

遠征 遠足 遠景 遠視

千載一遇 千態萬象

五里霧中 萬里長城

不 遠 千 里

131

| 명실상부 | 名實相符 |

7급	5급	5급	3급Ⅱ
名	實	相	符
이름 명	실제 실	서로 상	맞을 부

뜻 이름과 실상이 서로 부합(符合)됨. 명실이 들어맞음.
주해 名은 '이름'이고, 實은 '내용'이므로 名實相符는 명성만큼이나 내실도 있어서 모두 제대로 들어맞는다는 말이다.

名人(명인)	實感(실감)	相對(상대)	符籍(부적)
名家(명가)	實際(실제)	相談(상담)	符號(부호)
名聲(명성)	實質(실질)	觀相(관상)	符節(부절)
有名(유명)	有實樹(유실수)	樣相(양상)	符信(부신)

名人 名家 名聲 有名

實感 實質 有實樹

相對 相談 觀相 樣相

符籍 符號 符節 符信

名實相符

등하불명	燈下不明
4급Ⅱ 7급	7급 6급

燈下不明

등불 등 | 아래 하 | 아닐 불 | 밝을 명

燈燈燈燈燈燈燈燈燈 下丁下 | 不丆不 明明明明明明明

뜻 가까운 데 생긴 일을 먼 데 일보다 더 모른다는 비유.

주해 '등잔 밑〔燈下〕이 어둡다〔不明〕'는 뜻으로, 사람이 살다 보면 등잔의 밑이 어두운 것처럼 가끔 자신의 주변에서 일어나는 일을 모르는 경우가 많다.

| 燈盞(등잔) 燈燭(등촉) 燈火管制 (등화관제) | 下腹部(하복부) 下層(하층) 下向(하향) 下流(하류) | 不遜(불손) 不忠(불충) 不信(불신) 不振(부진) | 明沙十里 (명사십리) 明朗(명랑) 明瞭(명료) |

등화가친 燈火可親

4급II	8급	5급	6급
燈	火	可	親
등불 등	불 화	가능할 가	친할 친

燈燈燈燈燈燈燈燈燈
火火火火
可可可可可
親親親親親親親親親

뜻 가을이 되어 서늘하므로 밤에 등불을 가까이하여 글 읽기에 좋음. 서늘한 가을밤은 등불 밑에서 글 읽기가 좋다는 말.

주해 燈火可親은 천고마비(天高馬肥)와 함께 가을을 멋스럽게 부를 때 쓰는 말이다.

燈臺(등대)　　火災(화재)　　可能(가능)　　親母(친모)
街路燈(가로등)　火傷(화상)　　可燃(가연)　　親父(친부)
外燈(외등)　　火魔(화마)　　可望(가망)　　親子(친자)
尾燈(미등)　　火爐(화로)　　不可能(불가능)　親族(친족)

燈臺　街路燈　尾燈

火災　火傷　火魔　火爐

可能　可望　不可能

親母　親父　親子　親族

燈火可親

무지막지 無知莫知

5급	5급	3급Ⅱ	5급

無 知 莫 知

| 없을 무 | 알 지 | 없을 막 | 알 지 |

뜻 몹시 무지하고 상스럽다.
주해 無知와 莫知, 무식(無識)은 모두 같은 뜻의 말로서 아는 것이 없음, 지식이 없음, 지혜가 없음인데, 無知와 莫知가 합친 無知莫知는 정말로 아는 것이 하나도 없다는 뜻이다.

無智(무지)	知覺(지각)	莫大(막대)	聞一知十
無視(무시)	知識(지식)	莫强(막강)	(문일지십)
*人生無常	知能(지능)	莫上莫下	知事(지사)
(인생무상)	通知(통지)	(막상막하)	諒知(양지)

*人生無常(인생무상): 인생의 덧없음을 뜻함.

無	智	無	視	人	生	無	常
知	覺	知	識	知	能	通	知
莫	大	莫	强	莫	上	莫	下
聞	一	知	十	知	事	諒	知

동병상련 同病相憐

7급 6급 5급 3급

同病相憐

같을 동 　병들 병 　서로 상 　불쌍히 여길 련

丨冂冂同同同　　一十才才相相相相相
亠广广疒疒疒病病病　忄忄忄忄怜怜憐憐憐

뜻 어려운 처지에 있는 사람끼리 서로 딱하게 여겨 동정하고 돕는다는 말.

주해 同病相憐은 '같은 병을 앓는 사람끼리 서로 가엾게 여긴다'는 뜻으로, 후한의 조엽(趙曄)이 엮은 《오월춘추》의 '합려내전(闔閭內傳)'에 실려 있음.

同族(동족)　病魔(병마)　相續(상속)　憐憫(연민)
同鄕(동향)　病患(병환)　手相(수상)　可憐(가련)
同門(동문)　病色(병색)　相扶相助　*哀憐(애련)
同姓(동성)　病室(병실)　(상부상조)　*愛憐(애:련)

*哀憐(애련):남의 불행을 가엾게 여김. *愛憐(애련):어리거나 약한 사람을 사랑함.

同族 同鄕 同門 同姓

病魔 病患 病色 病室

相續 手相 相扶 相助

憐憫 可憐 哀憐 愛憐

同病相憐

137

논공행상	論功行賞
4급Ⅱ 6급	6급 5급

論功行賞

| 논의할 론 | 공 공 | 행할 행 | 상줄 상 |

論論論論論論論論論
功功功功功

行彳行行行行
賞賞賞賞賞常常賞賞

뜻 공(功)이 있고 없음이나 크고 작음을 따져 거기에 알맞은 상을 줌.

주해 功을 論하여 賞을 줌〔行〕.《삼국지(三國志)》〈오서(吳書) 고담전(顧譚傳)〉편에 있는 이야기에서 유래.

論爭(논쟁)	功績(공적)	行事(행사)	賞罰(상벌)
論說(논설)	功勳(공훈)	行蹟(행적)	賞牌(상패)
論客(논객)	功勞(공로)	行動(행동)	賞金(상금)
議論(의논)	有功(유공)	行政(행정)	受賞(수상)

論爭 論說 論客 議論

功績 功勳 功勞 有功

行事 行蹟 行動 行政

賞罰 賞牌 賞金 受賞

노심초사	勞心焦思
5급 7급	2급 5급

勞 心 焦 思

| 수고할 로 | 마음 심 | 태울 초 | 생각 사 |

勞 𦥯 𦥯 𦥯 𦥯 𦥯 勞 勞 勞 勞
心 心 心 心

焦 焦 仁 什 什 佳 隹 焦 焦
思 口 四 田 甲 甲 思 思 思

뜻 마음을 수고롭게 하고 생각을 너무 깊게 함. 애쓰면서 속을 태움.
주해 勞心은 '마음을 수고롭게 하다'는 뜻이고, 焦思는 '속이 타도록 생각하다'는 뜻이다. **비** 초심고려(焦心苦慮).

勞苦(노고)	心臟(심장)	焦點(초점)	思索(사색)
勞動(노동)	心腹(심복)	焦燥(초조)	思潮(사조)
勞使(노사)	心情(심정)	*焦眉之急	思考方式
勤勞(근로)	都心(도심)	(초미지급)	(사고방식)

*焦眉之急(초미지급): 눈썹에 불이 붙는 것과 같이 위급한 경우.

勞苦 勞動 勞使 勤勞

心臟 心腹 心情 都心

焦點 焦燥 焦眉之急

思索 思潮 思考方式

勞 心 焦 思
勞 心 焦 思
勞 心 焦 思
勞 心 焦 思

다다익선	多多益善
6급　　6급	4급Ⅱ　　5급

多 多 益 善

많을 다　많을 다　더욱 익　좋을 선

多多多多多多
多多多多多多
益益益益益益益益益益
善善善善善善善善善善

뜻 양이나 수가 많으면 많을수록 좋음.
주해 많으면 많을수록[多多] 더욱 좋다[益善]는 말.
예 多多益善이니 많이만 가져오세요.

多産(다산)	多情多感	*益者三友	善惡(선악)
多辯(다변)	(다정다감)	(익자삼우)	善良(선량)
多重(다중)	一夫多妻	利益(이익)	善行(선행)
多樣(다양)	(일부다처)	損益(손익)	眞善美(진선미)

*益者三友(익자삼우): 유익한 세 유형의 벗으로, '정직한 벗, 신의가 있는 벗, 지식이 많은 벗.'

多産 多辯 多重 多樣

多情多感 一夫多妻

益者三友 利益 損益

善惡 善良 眞善美

단도직입	單刀直入
4급Ⅱ 3급Ⅱ	7급 7급

單 刀 直 入
하나 단 | 칼 도 | 곧바로 직 | 들어갈 입

單單單單單單單單單
刀刀
直直直直直直直
入入

뜻 문장이나 언론의 너절한 허두를 빼고 바로 그 요점(要點)으로 풀이하여 들어감. 생각과 분별과 말에 거리끼지 않고 바로 들어감.

주해 혼자서 칼을 휘두르고〔單刀〕 거침없이〔直〕 적진(敵陣)으로 쳐들어간다〔入〕는 뜻.

單價(단가)	刀劍(도검)	直感(직감)	入口(입구)
單一(단일)	短刀(단도)	直接(직접)	入札(입찰)
單間房(단간방)	*快刀亂麻	直線(직선)	入試(입시)
名單(명단)	(쾌도난마)	直轄市(직할시)	入荷(입하)

*快刀亂麻(쾌도난마);어지럽게 뒤얽힌 사물이나 말썽거리를 단번에 시원스럽게 처리함.

살신성인	殺身成仁
4급Ⅱ 6급	6급 4급

殺身成仁

죽일 살	몸 신	이룰 성	어질 인

殺殺殺殺殺殺殺殺殺
身身身身身身身
成成成成成成成
仁仁仁仁

뜻 다른 사람, 또는 대의를 위해 목숨을 버린다는 말.
주해 殺身成仁은 '몸을 죽여 어진 일을 이룬다'는 뜻으로, 이 말은 춘추 시대, 인(仁)을 이상의 도덕으로 삼는 공자의 언행을 수록한 논어(論語) 위령공편(衛靈公篇)에 나오는 한 구절임.

殺人(살인)	身體檢查	成就(성취)	仁慈(인자)
殺傷(살상)	(신체검사)	成功(성공)	仁術(인술)
殺氣(살기)	身長(신장)	成敗(성패)	仁情(인정)
暗殺(암살)	自身(자신)	成實(성실)	仁德(인덕)

殺人 殺傷 殺氣 暗殺

身體 檢查 身長 自身

成就 成功 成敗 成實

仁慈 仁術 仁情 仁德

殺身成仁

대기만성 大器晩成

大	器	晩	成
8급	4급Ⅱ	3	6급
큰 대	그릇 기	늦을 만	이룰 성

뜻 크게 될 사람은 늦게 이루어짐을 이르는 말.
주해 '큰 그릇은 늦게 만들어진다'는 뜻이다.
예 "큰 종(鐘)이나 솥은 그렇게 쉽사리 만들어지는 게 아니네. 그와 마찬가지로 큰 인물도 대성하기까지는 오랜 시간이 걸리지. 자네도 그처럼 大器晩成하는 그런 형이야."

大使館(대사관)	器具(기구)	晩學(만학)	成敗(성패)
大成(대성)	器官(기관)	晩冬(만동)	成功(성공)
大盜(대도)	容器(용기)	晩年(만년)	達成(달성)
大商(대상)	陶器(도기)	晩鍾(만종)	完成(완성)

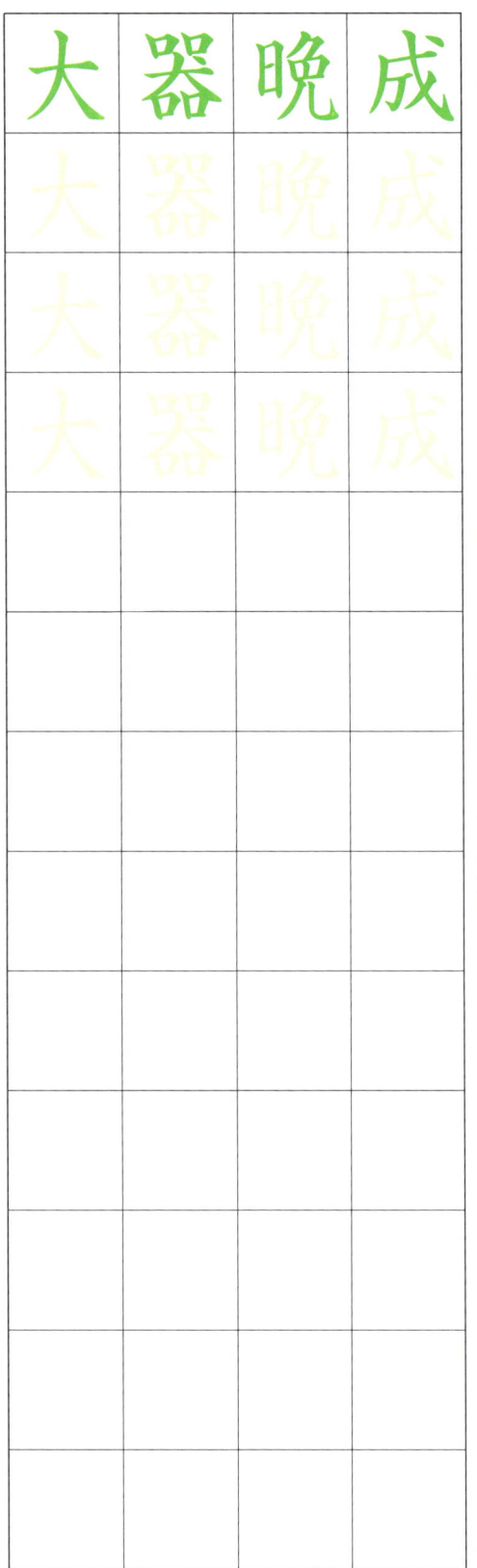

낙화유수	落花流水

5급	7급	5급	8급
落	花	流	水
떨어질 락	꽃 화	흐를 류	물 수

落落落落落落落落落
花花花花花花花花
流流流流流流流流流
水水水水

뜻 세월의 쇠잔영락(衰殘零落)을 비유하여 이르는 말. 또는 남녀가 서로 그리는 애틋한 정을 가지고 있음을 비유하는 말.

주해 '떨어지는 꽃〔落花〕과 흐르는 물〔流水〕'이라는 뜻으로 가는 봄의 정경을 나타내는 말.

落水(낙수)	花盆(화분)	流暢(유창)	水粉(수분)
落葉(낙엽)	花鳥(화조)	流浪(유랑)	水質(수질)
落傷(낙상)	花壇(화단)	流布(유포)	水草(수초)
墜落(추락)	無窮花(무궁화)	流動(유동)	水溫(수온)

落水 落葉 落傷 墜落
花盆 花壇 無窮花
流暢 流浪 流布 流動
水粉 水質 水草 水溫

落花流水

가렴주구 苛斂誅求

1급 1급 1급 4급Ⅱ

苛 斂 誅 求

| 가혹할 가 | 거둘 렴 | 벨 주 | 구할 구 |

뜻 가혹(苛酷)하게 세금(稅金)을 거두거나 백성(百姓)의 재물(財物)을 억지로 빼앗음.

주해 苛斂誅求는 '가혹하게 거두고 목을 벨 것처럼 협박하여 구함.'이라는 뜻이다.

- 苛酷(가혹) 苛斂誅求(가렴주구)
- *斂錢(염전): 거두어 모은 돈
- *出斂(출렴): 여럿이 나누어 냄. 추렴의 본딧말.
- 誅求(주구) *誅戮(주륙) *誅滅(주멸) *誅殺(주살)
- 救援(구원) 求婚(구혼) 求愛(구애) 希求(희구)

※ **誅戮**(주륙):죄를 물어 죽임. ※ **誅滅**(주멸)·**誅殺**(주살):죽여 없앰.

가인박명	佳人薄命
3급Ⅱ 8급	3급Ⅱ 7급

佳 人 薄 命

| 아름다울 가 | 사람 인 | 얇을 박 | 목숨 명 |

佳佳佳佳佳佳佳佳
人人

薄薄薄薄薄薄薄薄薄
命命命命命命命命

뜻 여자의 용모가 너무 아름다우면 운명이 기박함을 이르는 말.

주해 '아름다운 사람〔佳人〕은 운명이 얇다〔薄命〕'는 뜻. 중국 송대의 시인 동파 소식(蘇軾)의 시제(詩題)로, '예로부터 미인은 운명이 박함이 많다.'〔佳人薄命〕는 내용에서 유래.

佳客(가객)	人才(인재)	薄待(박대)	命令(명령)
佳境(가경)	人面獸心	薄氷(박빙)	命脈(명맥)
佳約(가약)	(인면수심)	薄福(박복)	運命(운명)
佳作(가작)	人間(인간)	野薄(야박)	革命(혁명)

佳客 佳境 佳約 佳作

人才 人面獸心 人間

薄待 薄氷 薄福 野薄

命令 命脈 運命 革命

佳人薄命

147

각주구검	刻舟求劍
4급　　　3급	4급Ⅱ　　　3급Ⅱ

刻 舟 求 劍

새길 각　　배 주　　구할 구　　칼 검

刻刻刻刻刻刻刻　　　求求求求求求
舟舟舟舟舟舟　　　劍劍劍劍劍劍劍劍

뜻 시대나 상황의 변화를 모르는 어리석고 미련하여 융통성이 없음을 이르는 말.

주해 刻舟求劍은 '배에 새겨 칼을 구한다'는 뜻으로, 배를 타고 가다가 칼을 물 속에 빠뜨리고는, 그 위치를 뱃전에 표시했다는 데서 나왔다.

| *刻骨難忘
(각골난망)
彫刻(조각)
陽刻(양각) | 舟軍(주군)
一葉片舟
(일엽편주)
漁舟(어주) | 求愛(구애)
求命(구명)
求人(구인)
要求(요구) | 劍術(검술)
劍道(검도)
劍舞(검무)
槍劍(창검) |

*刻骨難忘(각골난망): 은혜의 고마움이 뼈에 새겨져 잊히지 않음.

刻骨難忘 彫刻 陽刻

舟軍 一葉片舟 漁舟

求愛 求命 求人 要求

劍術 劍道 劍舞 槍劍

감지덕지	感之德之
6급　　　3급Ⅱ	5급　　　3급Ⅱ

感 之 德 之

| 감사할 감 | 어조사 지 | 덕 덕 | 어조사 지 |

뜻 대단히 고맙게 여김.

주해 '그것을 감사(感謝)하게 생각하고 그것을 德으로 생각한다'는 뜻. 매우 깊은 호의를 받아 고마운 마음을 표현할 때 感之德之하다'고 한다.

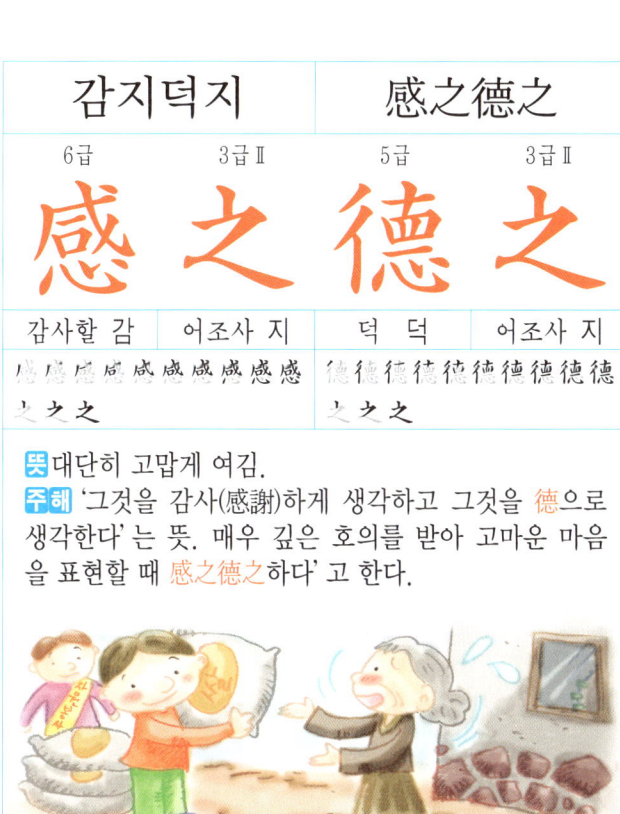

感激(감격)	*愛之重之	德性(덕성)	百年之客
感謝(감사)	(애지중지)	德分(덕분)	(백년지객)
感慨無量	伯仲之勢	恩德(은덕)	左之右之
(감개무량)	(백중지세)	頌德(송덕)	(좌지우지)

＊愛之重之(애지중지): 매우 사랑하고 소중히 여김. ＊左之右之(좌지우지): 제 마음대로 함.

感激 感謝 感慨無量

愛之重之 伯仲之勢

德性 德分 恩德 頌德

百年之客 左之右之

감탄고토	甘吞苦吐
4급 1급	6급 3급

甘 吞 苦 吐

달 감	삼킬 탄	쓸 고	토할 토
一十十十甘甘	呑呑呑呑呑呑呑	苦苦苦苦苦苦苦苦	吐吐吐吐吐吐

뜻 '달면 삼키고 쓰면 뱉는다'는 뜻.
주해 甘吞苦吐는 옳고 그름을 돌보지 않고, 자기(自己) 비위에 맞으면 취하고 싫으면 버린다는 뜻. 또는 이기적인 관계나 야박한 행위를 일컫기도 한다.

| 甘言利說
(감언이설)
苦盡甘來
(고진감래) | 甘吞苦吐
(감탄고토) | 苦生(고생)
苦難(고난)
苦悶(고민)
苦惱(고뇌) | 吐露(토로)
實吐(실토)
吐血(토혈)
嘔吐(구토) |

甘	言	利	說	苦	盡	甘	來

甘	吞	苦	吐

苦	生	苦	難	苦	悶	苦	惱

吐	露	實	吐	吐	血	嘔	吐

갑론을박	甲論乙駁
4급　4급Ⅱ	3급Ⅱ　1급

甲 論 乙 駁

첫째 천간 갑	논의할 론	둘째 천간 을	논박할 박
甲 冂 日 旦 甲	論論論論論論論論論論	乙	駁 駁 駁 駁 駁 駁 駁 駁 駁

失 서로 논란(論難)하고 반박(反駁)함을 이르는 말.
주해 '갑이 논하면 을이 논박(論駁)한다'는 뜻으로, 甲論乙駁이란 두 사람 이상이 서로 자기의 의견을 내세워 상대의 의견을 반박하는 것이다.

甲子(갑자)	論定(논정)	乙酉(을유)	*駁論(박론)
甲寅(갑인)	論議(논의)	乙未(을미)	*論駁(논박)
回甲(회갑)	論難(논란)	乙未事變	反駁(반박)
進甲(진갑)	討論(토론)	(을미사변)	

＊駁論(박론)・論駁(논박): 상대의 의견이나 학설의 잘못을 비난하고 공격함.

甲子	甲寅	回甲	進甲
論定	論議	論難	討論
乙酉	乙未	乙未事變	
駁論	論駁	反駁	

甲	論	乙	駁
甲	論	乙	駁
甲	論	乙	駁
甲	論	乙	駁

격세지감	隔世之感
3급　　7급	3급Ⅱ　　6급

隔 世 之 感

떨어질 격　세대 세　어조사 지　느낄 감

뜻 아주 바뀌어 딴 세상(世上), 또는 딴 세대(世代)와 같이 많은 변화(變化)가 있었음을 비유하는 말.

주해 隔世之感은 세상이 예전과 많이 바뀌었다고 생각되거나, 또는 세대간에 느끼는 사고방식 등의 차이에서 느끼는 정도가 클 때 주로 사용한다.

| 隔離患者
(격리환자)
隔膜(격막)
間隔(간격) | 世上(세상)
世紀末(세기말)
世論(세론)
世界(세계) | 犬馬之勞
(견마지로)
人之常情
(인지상정) | 感激(감격)
感動(감동)
所感(소감)
有感(유감) |

隔離患者　隔膜　間隔

世紀末　世論　世界

犬馬之勞　人之常情

感激　感動　所感　有感

견금여석	見金如石
5급　　　8급	4급Ⅱ　　6급

見 金 如 石

볼 견	금 금	같을 여	돌 석
丨冂冂月目貝見	人人今今余金金	く 女 女 如 如 如	一ナイ石石

뜻 청렴과 용맹을 겸한 장수이거나, 부모의 뜻과 가르침을 잘 지키는 효자를 이르는 말.

주해 見金如石은 최영 장군의 '황금을 돌같이 하라.'는 유명한 말에서, 재물에 대한 지나친 욕심을 경계한 것.

※金科玉條(금과옥조):귀중한 법률. 절대적인 것으로 지키고 있는 규칙이나 교훈.

見聞(견문)	金屬(금속)	如干(여간)	石佛(석불)
見解(견해)	金錢(금전)	※一日如三秋	石膏(석고)
發見(발견)	※金科玉條	(일일여삼추)	石手(석수)
所見(소견)	(금과옥조)	缺如(결여)	石工(석공)

※一日如三秋(일일여삼추):하루가 삼 년 같음. 곧 매우 지루하거나 몹시 애태우고 기다림.

見聞　見解　發見　所見

金屬　金錢　金科玉條

一日如三秋　缺如

石佛　石膏　石手　石工

見金如石

결초보은 結草報恩

5급 7급 4급Ⅱ 4급Ⅱ

結草報恩

맺을 결   풀 초   갚을 보   은혜 은

뜻 죽어 혼령이 되어서라도 은혜를 잊지 않고 갚음.
해 '풀을 맺어〔結草〕 은혜를 갚다〔報恩〕' 라는 뜻으로, 은혜를 입은 사람이 혼령이 되어 풀포기를 묶어 놓아 적이 걸려 넘어지게 함으로써, 은인을 구해 주었다는 춘추시대(春秋時代) 진(晋)나라 위과(魏顆)의 고사에서 유래.

結緣(결연)	草家(초가)	報答(보답)	恩惠(은혜)
*結者解之	草案(초안)	報恩(보은)	恩功(은공)
(결자해지)	草食動物	報償(보상)	恩師(은사)
結果(결과)	(초식동물)	報勳(보훈)	報恩(보은)

***結者解之**(결자해지): 일을 저지른 사람이 그것을 해결해야 함.

結緣 結者解之 結果

草家 草案 草食動物

報答 報恩 報償 報勳

恩惠 恩功 恩師 報恩

곡학아세 曲學阿世

5급	8급	3급Ⅱ	7급
曲	學	阿	世
굽힐 곡	배울 학	아첨할 아	세상 세

曲 口 由 曲 曲
阿 阿 阿 阿 阿 阿 阿
學 學 學 學 學 學 學 學
世 十 廿 世 世

뜻 정도(正道)를 벗어난 학문으로 세상에 아첨함을 이르는 말.

주해 曲學阿世란 '학문을 굽혀 세속(世俗)에 아첨한다'는 뜻이다.

曲線(곡선)	學者(학자)	阿附(아부)	世代(세대)
曲藝(곡예)	學資金(학자금)	阿諂(아첨)	王世子(왕세자)
作曲(작곡)	學生(학생)	阿鼻叫喚	世俗五戒
歪曲(왜곡)	學籍簿(학적부)	(아비규환)	(세속오계)

曲線 曲藝 作曲 歪曲

學者 學資金 學籍簿

阿附 阿諂 阿鼻叫喚

王世子 世俗五戒

曲學阿世

공중누각	空中樓閣
7급　8급	3급Ⅱ　3급Ⅱ

空中樓閣

| 하늘 공 | 가운데 중 | 다락 루 | 누각 각 |

空空空空空空空
中口口中

樓十十桉桉桉樓樓樓
閣閣閂門門門閱閣閣

뜻 ①내용이 없는 문장이나 쓸데없는 의론(議論). ②진실성이나 현실성이 없는 일이나 허무하게 사라지는 근거 없는 가공의 사물을 이르는 말.

주해 空中樓閣은 空中에 떠 있는 樓閣이란 뜻으로, 근거나 토대가 없는 사물이나 일을 뜻함.

空虛(공허)	中性(중성)	慶會樓(경회루)	閣僚(각료)
空約(공약)	中間(중간)	望樓(망루)	閣下(각하)
*空得之物	中毒(중독)	沙上樓閣	內閣(내각)
(공득지물)	中央(중앙)	(사상누각)	組閣(조각)

*空得之物(공득지물):힘들이거나 대가를 치르지 않고 거저 얻은 것. 공것.

空虛　空約　空得之物

中性　中間　中毒　中央

慶會樓　沙上樓閣

閣僚　閣下　內閣　組閣

전전긍긍	戰戰兢兢

6급	6급	2급	2급
戰	戰	兢	兢
떨 전	떨 전	조심할 긍	조심할 긍

뜻 두려워서 벌벌 떨며 조심하는 모양.

주해 戰戰이란 몹시 두려워서 벌벌 떠는 모양이고, 兢兢이란 몸을 움츠리고 조심하는 모양을 말함. 이 말은 중국 최고의 시집인 〈시경(詩經)〉 소아편(小雅篇)의 '소민(小旻)' 이라는 시의 마지막 구절에서 유래.

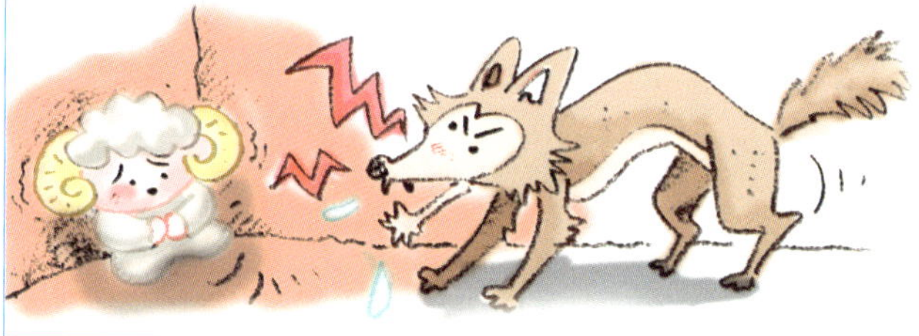

戰爭(전쟁) 戰鬪(전투) 舌戰(설전) 水戰(수전)	戰死(전사) 戰術(전술) 海戰(해전) 空中戰(공중전)	*兢兢業業 (긍긍업업) :언제나 조심하고 삼감.	戰戰兢兢 (전전긍긍)

戰	爭	戰	鬪	舌	戰	水	戰
戰	術	海	戰	空	中	戰	
兢	兢	業	業				
戰	戰	兢	兢				

戰	戰	兢	兢

과유불급	過猶不及
5급　　　3급Ⅱ	7급　　　3급Ⅱ

過 猶 不 及

| 지나칠 과 | 같을 유 | 아니 불 | 미칠 급 |

🟦뜻 '정도를 지나침은 미치지 못하는 것과 같다'는 뜻으로, 중용(中庸)이 중요함을 이르는 말.

🟧주해 過猶不及은 공자와 제자의 대화에서 나온 말이다. '매사에 지나친 면이 있는 제자보다는 부족한 점이 많은 제자가 차라리 낫다'고 한 말에서 유래.

| 過客(과객)
過多症(과다증)
過去分詞
(과거분사) | ※猶父猶子
(유부유자)
執行猶豫
(집행유예) | 不急(불급)
不美(불미)
不具(불구)
不時(불시) | 及第(급제)
及其也(급기야)
及落(급락)
普及(보급) |

※猶父猶子(유부유자) : 아버지 같고 자식 같다는 뜻으로, 삼촌과 조카 사이를 일컫는 말.

過多症　過去分詞

猶父猶子　執行猶豫

不急　不美　不具　不時

及其也　及落　普及

관포지교	管鮑之交
4급 2급	3급Ⅱ 6급

管 鮑 之 交

붓대 관	절인 어물 포	어조사 지	사귈 교
管管管管管管管管管	鮑鮑鮑鮑鮑鮑鮑鮑鮑	之之之	交交交交交交

뜻 시세(時勢)를 떠나 친구를 위하는 두터운 우정을 이르는 말.

주해 管鮑之交는 '관중(管仲)과 포숙아(鮑淑牙) 사이와 같은 사귐'이란 뜻으로, 제나라의 관중과 포숙아라는 두 관리 이야기에서 유래.

管掌(관장)		隔世之感	交際(교제)
管理人(관리인)	管鮑之交	(격세지감)	交換(교환)
管理職(관리직)	(관포지교)	結者解之	交叉(교차)
水道管(수도관)		(결자해지)	交友(교우)

管掌 管理職 水道管

管鮑之交

隔世之感 結者解之

交際 交換 交叉 交友

管鮑之交

낙장불입		落張不入	
5급	4급	7급	7급

落 張 不 入

| 떨어질 락 | 펼 장 | 아니 불 | 들 입 |

落落落落落落落落落
張張張張張張張張張
不不不不
入入

뜻 화투·투전·트럼프 따위에서, 한번 판에 내어 놓은 패장(牌張)은, 이를 물리기 위하여 다시 집어 들지 못하는 일을 이르는 말.

주해 落張不入은 한번 시행한 일을 다시 하지 못함을 뜻하기도 함.

落島(낙도)	張三李四	不完全(불완전)	入場(입장)
落潮(낙조)	(장삼이사)	*不知不識間	入口(입구)
落葉(낙엽)	張本人(장본인)	(부지불식간)	入荷(입하)
落第(낙제)	擴張(확장)	不幸(불행)	入所(입소)

*不知不識間(부지불식간): 알지도 깨닫지도 못하는 사이. 저도 모르는 사이.

落	島	落	潮	落	葉	落	第
張	三	李	四	張	本	人	
不	完	全	不	知	不	識	間
入	場	入	口	入	荷	入	所

사상누각	沙上樓閣
3급Ⅱ　7급	3급Ⅱ　3급Ⅱ

沙 上 樓 閣

모래 사　위 상　다라 루　누각 각

뜻 겉모양은 번듯하나 기초가 약하여 오래가지 못하는 것, 또는 실현 불가능한 일 따위를 이르는 말.

주해 沙上樓閣은 '모래 위에 세운 높은 건물'이란 뜻으로, 사상(思想)이나 정책(政策) 등에서 그 기반이 단단하지 못할 경우에 사용하기도 한다.

沙〈砂〉漠(사막)	上級(상급)	空中樓閣	閣下(각하)
*沙鉢通文 (사발통문)	上旬(상순)	(공중누각)	閣僚(각료)
	上昇(상승)	慶會樓(경회루)	內閣(내각)
	上納(상납)	望樓(망루)	組閣(조각)

※沙鉢通文(사발통문):주동자가 누구인지 모르도록 이름을 죽 돌려 적은 통문.

沙漠	沙鉢通文

上級	上旬	上昇	上納

空中樓閣	望樓

閣下	閣僚	內閣	組閣

沙上樓閣

오월동주	吳越同舟
2급 3급Ⅱ	7급 3급

吳越同舟

오나라 오	월나라 월	같을 동	배 주
吳吳吳吳吳吳吳	越越越越越越越越越越越越	同同同同同同	舟舟舟舟舟舟

吳 ①적의를 품은 사람끼리 같은 장소나 처지에 놓임.
②적의를 품은 사람끼리라도 필요에 따라서는 서로 도움을 이르는 말.

주해 吳越同舟는 '적대 관계에 있는 吳나라 사람과 越나라 사람이 같은 배를 타고 있다'는 뜻임.

吳越同舟(오월동주): 중국의 전국시대(戰國時代) 吳王 부차(夫差)와 越王 구천(句踐)이 늘 적의를 품고 싸운 고사에서 유래.	越權(월권) 越南(월남) 越冬(월동) 追越(추월)	*同苦同樂(동고동락) 同伴者(동반자) 同窓生(동창생)	一葉片舟(일엽편주) 刻舟求劍(각주구검)

※同苦同樂(동고동락):괴로움도 즐거움도 함께함.

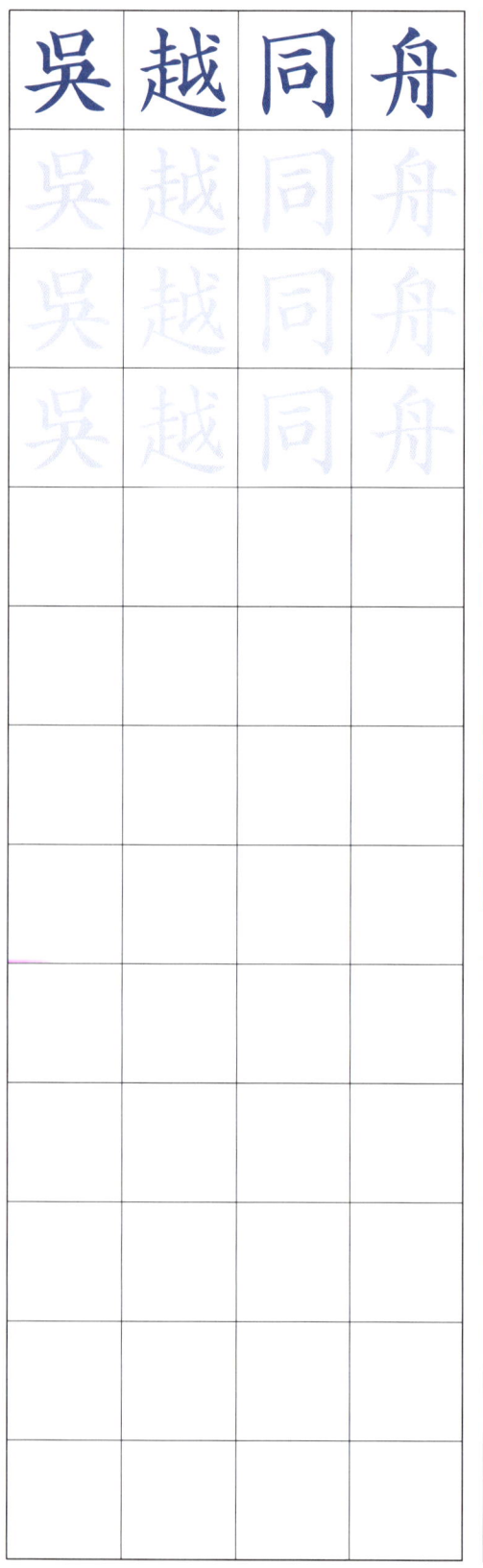

162

온고지신 溫故知新

6급 4급Ⅱ 5급 6급

溫 故 知 新

익힐 온 / 옛 고 / 알 지 / 새로울 신

溫溫溫溫溫溫溫溫溫溫
故故故故故故故故
知知知知知知知知
新新新新新新新新新

뜻 옛 것을 익히고 그것으로 미루어 새 것을 앎을 이르는 말.

주해 공자는 논어(論語) '위정편(爲政篇)'에서 "옛 것을 익히어 새 것을 알면 이로써 남의 스승이 될 수 있느니라." *(溫故而知新 可以爲師矣)

溫氣(온기)	故意(고의)	知性(지성)	新製品(신제품)
溫度計(온도계)	故國(고국)	知的(지적)	新設(신설)
溫風機(온풍기)	故鄕(고향)	通知(통지)	新聞(신문)
溫暖化(온난화)	有故(유고)	告知(고지)	新裝(신장)

*溫故而知新(온고이지신) 可以爲師矣(가이위사의)

溫氣 溫度計 溫風機

故意 故國 故鄕 有故

知性 知的 通知 告知

新製品 新設 新聞

溫故知新

인면수심		人面獸心	
8급	7급	3급Ⅱ	7급

人面獸心

사람 인	낯 면	짐승 수	마음 심
人人		獸獸獸獸獸獸獸獸獸	
面面面面面面面面面		心心心心	

뜻 성질이 잔인하고 흉악한 짐승 같은 사람을 뜻하는 말.

주해 人面獸心은 '사람의 얼굴에 짐승의 마음'이란 뜻으로, 원래는 한족들이 흉노를 멸시하여 쓰던 말에서 유래. 은혜를 모르거나 인정이 없는 사람을 욕하는 말로도 사용함.

人波(인파)	面對(면대)	禽獸(금수)	心情(심정)
人間(인간)	面會(면회)	鳥獸(조수)	心亂(심란)
哲人(철인)	面識(면식)	獸醫科大學	心臟麻痺
詩人(시인)	兩面(양면)	(수의과대학)	(심장마비)

人波 人間 哲人 詩人

面對 面會 面識 兩面

禽獸 獸醫科大學

心情 心亂 心臟麻痺

양상군자	梁上君子

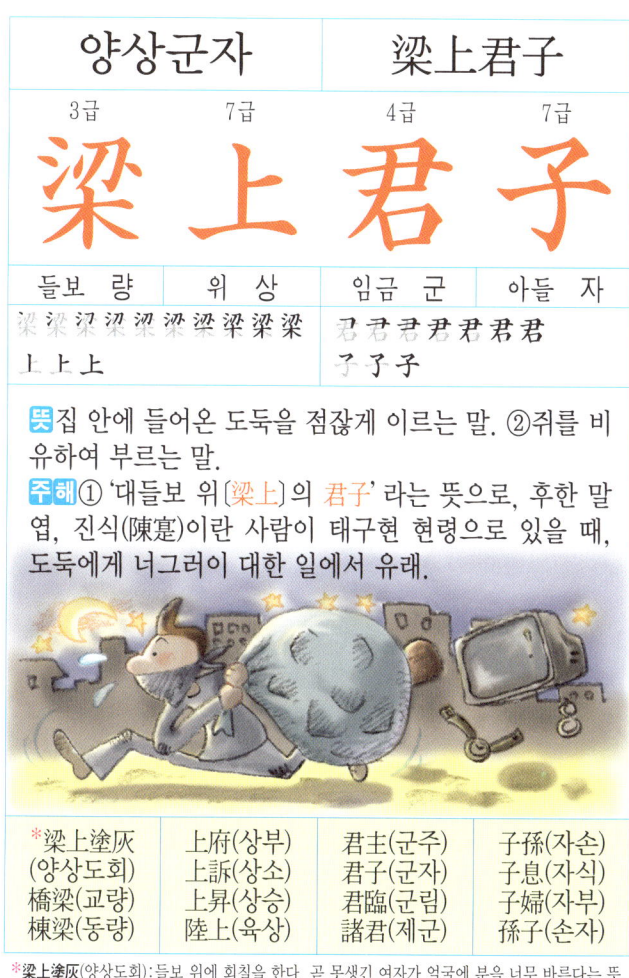

3급 7급 4급 7급

梁 上 君 子

들보 량	위 상	임금 군	아들 자
梁梁汈汈汈梁梁梁梁		尹君君君君君	
上上上		子了子	

뜻 ①집 안에 들어온 도둑을 점잖게 이르는 말. ②쥐를 비유하여 부르는 말.
주해 ① '대들보 위〔梁上〕의 君子' 라는 뜻으로, 후한 말엽, 진식(陳寔)이란 사람이 태구현 현령으로 있을 때, 도둑에게 너그러이 대한 일에서 유래.

*梁上塗灰 (양상도회) 橋梁(교량) 棟梁(동량)	上府(상부) 上訴(상소) 上昇(상승) 陸上(육상)	君主(군주) 君子(군자) 君臨(군림) 諸君(제군)	子孫(자손) 子息(자식) 子婦(자부) 孫子(손자)

※梁上塗灰(양상도회):들보 위에 회칠을 한다. 곧 못생긴 여자가 얼굴에 분을 너무 바른다는 뜻.

梁	上	塗	灰	橋	梁	棟	梁
上	府	上	訴	上	昇	陸	上
君	主	君	子	君	臨	諸	君
子	孫	子	息	子	婦	孫	子

梁	上	君	子
梁	上	君	子
梁	上	君	子
梁	上	君	子

약육강식	弱肉強食
6급　　4급Ⅱ	6급　　7급

弱 肉 强 食

| 약할 약 | 고기 육 | 강할 강 | 먹을 식 |

弓弓弓弓弓弱弱弱弱弱
丨冂内内肉肉

弓弓弭弭弭强强强强
人今今今今食食食食

뜻 '약한 자는 강한 자에게 먹힘' 이란 뜻으로, 생존(生存) 경쟁(競爭)의 치열함을 말함.

주해 동물의 세계에서 弱한 자의 고기〔肉〕는 强한 자의 먹이〔食〕가 된다는 뜻이지만, 인간 사회에서의 냉혹한 생존 경쟁을 일컫는 말이다.

弱點(약점)	肉體(육체)	強風(강풍)	食事(식사)
弱骨(약골)	肉聲(육성)	強度(강도)	食物(식물)
弱勢(약세)	肉親(육친)	強健(강건)	食慾(식욕)
老弱(노약)	血肉(혈육)	莫強(막강)	後食(후식)

弱點 弱骨 弱勢 老弱

肉體 肉聲 肉親 血肉

强風 强度 强健 莫强

食事 食物 食慾 後食

양두구육	羊頭狗肉

4급Ⅱ	6급	3급	4급Ⅱ
羊	頭	狗	肉
양 양	머리 두	개 구	고기 육
羊羊羊羊羊		狗狗狗狗狗狗狗狗	
頭頭頭頭頭頭頭頭頭頭頭頭頭頭頭頭		肉冂内内肉肉	

뜻 겉과 속이 일치하지 않음을 이르는 말.

주해 '밖에는 羊 머리〔頭〕를 걸어 놓고 안에서는 개고기〔狗肉〕를 판다'는 뜻으로, 춘추시대 때 제나라 영공(靈公)은 궁중의 여인들에게 남장(男裝)을 시켜 놓고 즐기는 별난 취미가 있었는데, 남장 금지령에 얽힌 이야기에서 유래.

羊毛(양모)   頭巾(두건)   羊頭狗肉   肉質(육질)
羊頭狗肉   頭角(두각)   (양두구육)   肉水(육수)
(양두구육)   頭髮(두발)   *走狗(주구)   肉筆(육필)
             先頭(선두)   肉感的(육감적)

*走狗(주구): 사냥할 때 부리는 개. 남의 앞잡이 노릇을 하는 사람을 비유하는 말.

羊毛 羊頭狗肉

頭巾 頭角 頭髮 先頭

羊頭狗肉 走狗

肉質 肉筆 肉感的

羊頭狗肉

어동육서	魚東肉西
5급 8급	4급Ⅱ 8급

魚 東 肉 西

물고기 어	동녘 동	고기 육	서녘 서
魚魚魚魚魚魚魚魚魚魚魚	東東東東東東東東	肉門內內肉肉	西西西西西西

뜻 제사상을 차릴 때, 생선은 동쪽에 놓고 고기는 서쪽에 놓는 일.

주해 제사상을 차리는 원칙은 魚東肉西 외에, 붉은색 과일은 동쪽에 놓고 흰색 과일은 서쪽에 놓는다는 홍동백서(紅東白西)도 있다.

魚網(어망)	東海(동해)	羊頭狗肉	西歐(서구)
魚貝類(어패류)	東洋(동양)	(양두구육)	西風(서풍)
廣魚(광어)	*東西古今	肉身(육신)	紅東白西
錢魚(전어)	(동서고금)	魚肉(어육)	(홍동백서)

*東西古今(동서고금):동양과 서양, 옛날과 지금. 곧, 인간 사회의 모든 시대 모든 곳.

魚	網	魚	貝	類	錢	魚
東	海	東	洋	東	西	古	今
羊	頭	狗	肉	肉	身	魚	肉
西	歐	西	風	紅	東	白	西

오리무중	五里霧中
8급 7급	3급 8급

五里霧中

| 다섯 오 | 리 리 | 안개 무 | 가운데 중 |

뜻 어디에 있는지 찾을 길이 막연하거나, 갈피를 잡을 수 없음을 이르는 말.
주해 五里霧中은 '사방 5리에까지 이르는 짙은 안개 속에 있다'는 뜻이다.

| 五福(오복) 五十步百步 (오십보백보) 五大洲(오대주) | 里長(이장) 里程標(이정표) 一瀉千里 (일사천리) | 霧散(무산) 雲霧(운무) 五里霧中 (오리무중) | 中産層(중산층) 中庸(중용) 中間(중간) 中和(중화) |

五十步百步　五大洲
里程標　一瀉千里
霧散　雲霧　五里霧中
中産層　中庸　中間

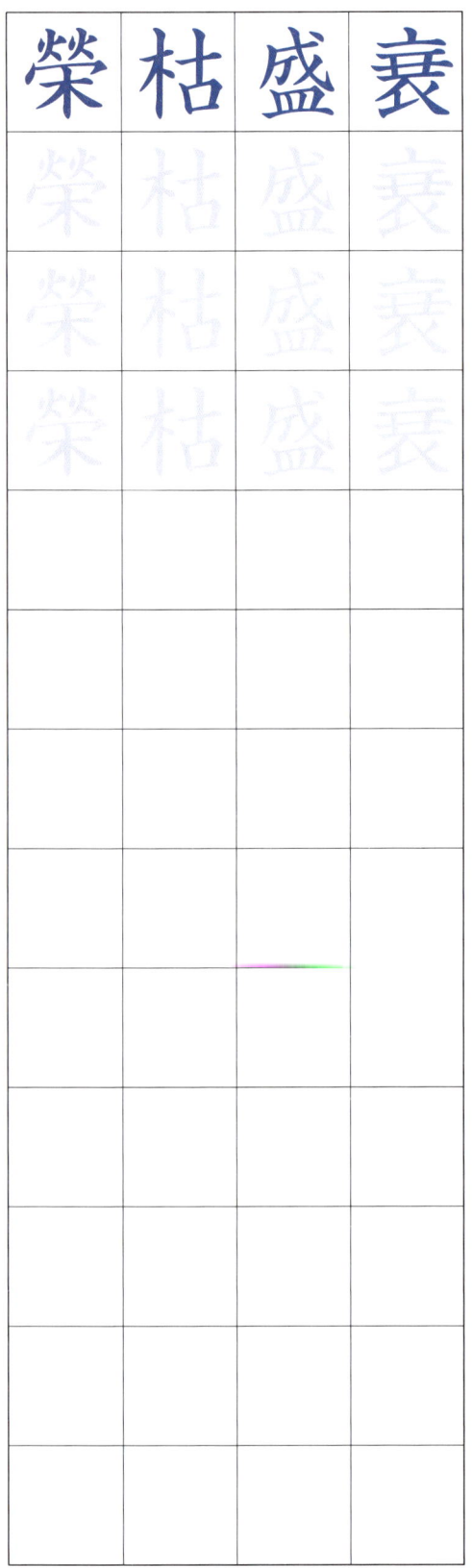

영고성쇠	榮枯盛衰

번영할 영	마를 고	성할 성	쇠할 쇠

🟦뜻 인생이나 사물의 성함과 쇠함이 서로 바뀜.
🟧주해 榮枯盛衰는 영화(榮華)롭고 마르고 성하고 쇠함이란 뜻으로, 개인(個人)이나 사회(社會)의 성하고 쇠함이 서로 뒤바뀌는 현상(現象)을 이르는 말.

※枯木(고목)은 말라 죽은 나무이고, 고목(古木)은 오래 묵은 나무이다.

榮光(영광)	※枯木(고목)	盛業(성업)	衰弱(쇠약)
榮華(영화)	枯渴(고갈)	盛大(성대)	衰盡(쇠진)
榮譽(영예)	※枯木生花	盛況(성황)	衰亡(쇠망)
繁榮(번영)	(고목생화)	盛饌(성찬)	老衰(노쇠)

※枯木生花(고목생화):마른 나무에 꽃이 핌. 곤궁한 사람이 행운을 만남. 늙바탕에 자손을 봄.

榮光	榮華	榮譽	繁榮
枯木	枯渴	枯木	生花
盛業	盛大	盛況	盛饌
衰弱	衰盡	衰亡	老衰

실사구시	實事求是
5급 7급	4급Ⅱ 4급Ⅱ

實 事 求 是

실제 실 / 일 사 / 찾을 구 / 옳을 시

宀宀宁宵宵宵實實實
一ニ亖亖写写事事
一十寸寸求求求
⺜旦早早早旱是是

뜻 사실에 토대하여 진리를 탐구하는 일이란 뜻.
주해 實事求是는 공론만 일삼는 양명학에 대한 반동으로서 청조의 고증학파가 내세운 표어로, 문헌학적인 고증의 정확을 존중하는 과학적 객관주의적 학문 태도를 말함.

實力(실력)	事業(사업)	求愛(구애)	是非(시비)
實質(실질)	事故(사고)	求職(구직)	*是非曲直
實際(실제)	事實(사실)	追求(추구)	(시비곡직)
充實(충실)	事由(사유)	要求(요구)	是認(시인)

*是非曲直(시비곡직):옳고 그르고 굽고 곧음. 곧 잘잘못.

實力	實質	實際	充實
事業	事故	事實	事由
求愛	求職	追求	要求
是非	是非	曲直	是認

實	事	求	是
實	事	求	是
實	事	求	是
實	事	求	是

171

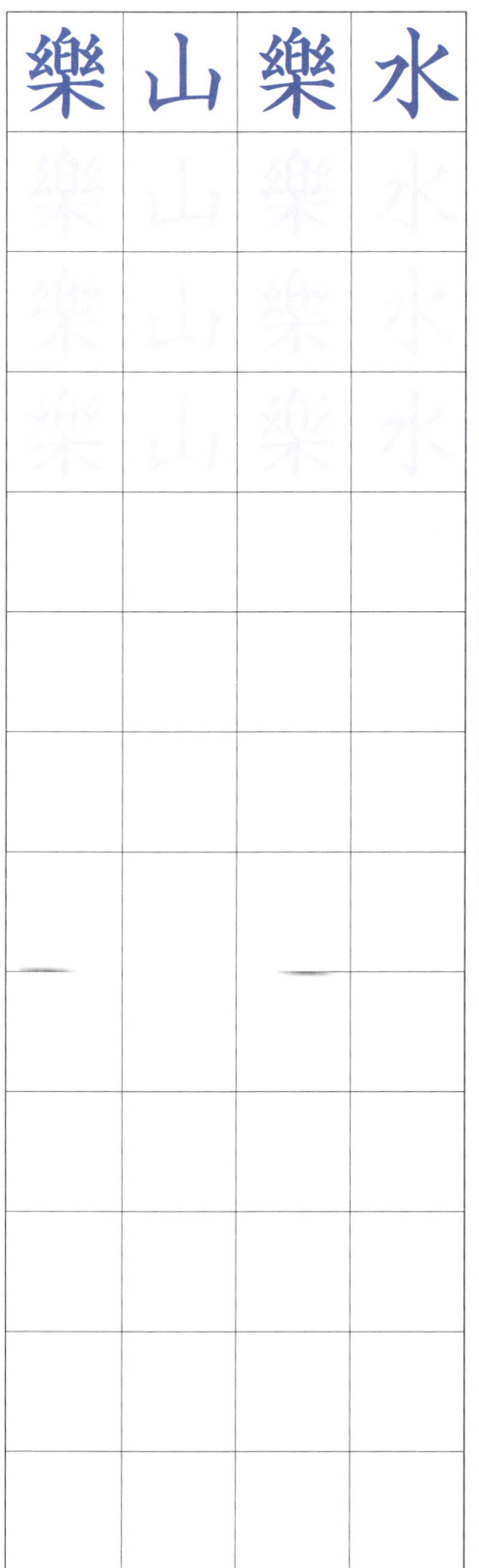

요산요수	樂山樂水
6급 8급	6급 8급

樂 山 樂 水

좋아할 요 　 메 산 　 좋아할 요 　 물 수

뜻 '산을 좋아하고 물을 좋아한다'는 뜻.
주해 樂山樂水는 산수(山水) 경치(景致)를 좋아함을 이르는 말. 산과 물을 좋아함, 곧 자연을 사랑함.
참 樂자는 풍류 **악**, 즐길 **락**, 좋아할 **요**의 세 가지 음훈이 있다.

樂觀(낙관)	山河(산하)	音樂(음악)	水泳(수영)
樂器(악기)	山勢(산세)	聲樂(성악)	水球(수구)
樂譜(악보)	智異山(지리산)	樂園(낙원)	上水道(상수도)
娛樂(오락)	白頭山(백두산)	樂觀(낙관)	脫水(탈수)

樂觀	樂器	樂譜	娛樂
山勢	智異山	白頭山	
音樂	聲樂	樂園	樂觀
水泳	上水道	脫水	

일거양득	一擧兩得
8급　　5급	4급Ⅱ　　4급Ⅱ

一擧兩得

한 일	들 거	둘 량	얻을 득

一
擧擧擧擧擧擧擧擧擧擧
兩兩兩兩兩兩兩兩
得得得得得得得得得得得

뜻 한 가지 일로써 두 가지 이익을 거둔다는 말.
주해 一擧兩得은 하나를 행하여〔一擧〕 둘을 얻는다〔兩得〕는 뜻이다. **비** 일석이조(一石二鳥). 우리 속담에서 찾아보면 '님도 보고 뽕도 딴다.' '도랑치고 가재 잡는다.' 가 가장 잘 통하는 말이다.

一回性(일회성)	擧論(거론)	兩家(양가)	得失(득실)
一走(일주)	擧國的(거국적)	兩國(양국)	獲得(획득)
一勝一敗	選擧(선거)	兩班(양반)	所得(소득)
(일승일패)	檢擧(검거)	兩立(양립)	利得(이득)

一回性　一勝一敗

擧論　擧國的　選擧

兩家　兩國　兩班　兩立

得失　獲得　所得　利得

一擧兩得

173

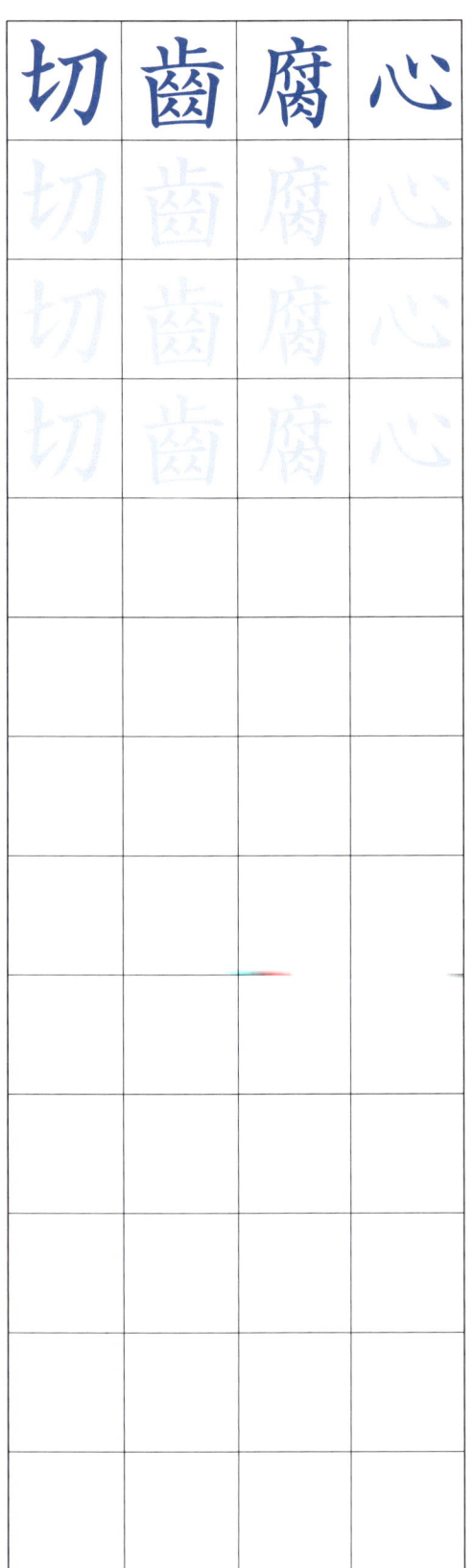

절치부심	切齒腐心
5급 4급II	3급 7급

切齒腐心

벨 절   이 치   썩을 부   마음 심

切切切切
齒齒齒齒齒齒齒齒齒齒
腐腐腐腐腐腐腐腐腐
心心心心

뜻 대단히 분하게 여기고 마음을 썩임.
주해 切齒腐心은 몹시 원통하고 분한 일을 당하여 이를 설욕하기 위하여 이〔齒〕를 갈고〔切〕 마음〔心〕을 썩이다〔腐〕'는 뜻이다.

切斷(절단)	齒牙(치아)	腐敗(부패)	心理(심리)
切開(절개)	齒科病院	腐蝕(부식)	心情(심정)
適切(적절)	(치과병원)	豆腐(두부)	以心傳心
親切(친절)	齒藥(치약)	防腐劑(방부제)	(이심전심)

切斷	切開	適切	親切
齒牙	齒科病院		齒藥
腐敗	腐蝕	防腐劑	
心理	心情	以心傳心	

절세가인	絕世佳人
4급Ⅱ 7급	3급Ⅱ 8급

絕 世 佳 人

뛰어날 절	세상 세	아름다울 가	사람 인
絕絕絕絕絕絕絕絕		佳佳佳佳佳佳佳	
世世世世世		人人	

뜻 세상(世上)에 비할 데 없이 아름다운 여자(女子)를 이르는 말.

주해 絕世란 세상에서 가장 빼어나다는 뜻이고, 佳人은 아름다운 여자라는 뜻이다. 佳人 대신 미인(美人)을 써도 뜻은 같다.

絕對(절대)	世習(세습)	漸入佳境	人福(인복)
絕景(절경)	世宗(세종)	(점입가경)	人德(인덕)
絕望(절망)	世上(세상)	*百年佳約	人和(인화)
斷絕(단절)	世情(세정)	(백년가약)	人性(인성)

*百年佳約(백년가약):젊은 남녀가 결혼하여 한평생을 함께 지내자는 아름다운 언약.

絕對	絕景	絕望	斷絕
世習	世宗	世上	世情
漸入	佳境	百年	佳約
人福	人德	人和	人性

유언비어	流言蜚語
5급 6급	1급 7급

| 흐를 류 | 말씀 언 | 날 비 | 말씀 어 |

流流流流流流流流流流　蜚蜚蜚蜚蜚蜚蜚蜚
言言言言言言言言　　語語語語語語語語

뜻 아무 근거 없이 널리 퍼진 소문. 터무니없이 떠도는 말. 뜬소문.

주해 流言蜚語는 流言과 蜚語가 합쳐진 말이다. 流는 '흐르다'는 뜻이고, 蜚는 '날다'는 뜻이므로, 근거 없이 떠도는 말이다. 부언낭설(浮言浪說)·부언유설(浮言流說).

| 流水(유수)
流暢(유창)
支流(지류)
放流(방류) | 言語(언어)
言辭(언사)
*重言復言
(중언부언) | 流言蜚語
(유언비어) | 語學(어학)
英語(영어)
國語(국어)
俗語(속어) |

※**重言復言**(중언부언):이미 한 말을 자꾸 되풀이함.

流水	流暢	支流	放流
言語	言辭	重言	復言
流言	蜚語		
語學	英語	國語	俗語

자중지란 自中之亂

自	中	之	亂
7급	8급	3급Ⅱ	4급
스스로 자	가운데 중	어조사 지	어지러울 란

뜻 같은 패 안에서 일어나는 싸움. 곧 내부에서 일어난 혼란이라는 뜻.
주해 자기 안[自中]에서의 어지러움[亂]을 뜻한다.
예 역사적으로 보면 강성했던 나라가 망하는 것은 외부의 침략에 의해서보다는 自中之亂의 경우가 많다.

自身(자신)	中斷(중단)	水魚之交	亂世(난세)
自己(자기)	中性(중성)	(수어지교)	亂民(난민)
自生(자생)	中華(중화)	塞翁之馬	反亂(반란)
自省(자성)	中繼(중계)	(새옹지마)	倭亂(왜란)

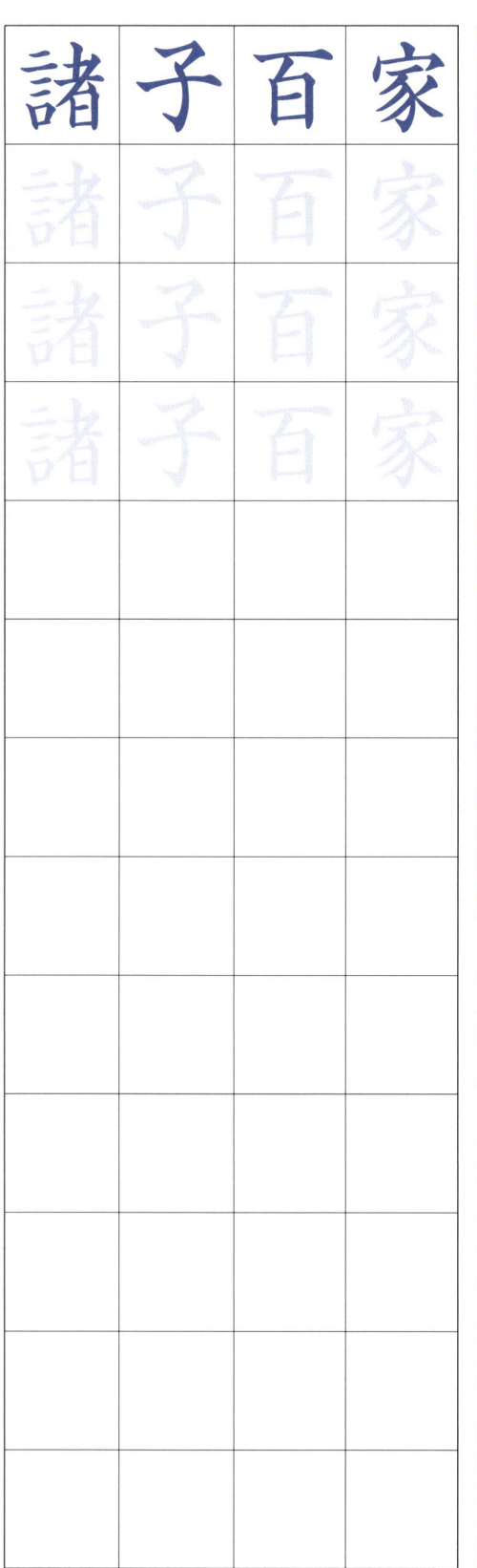

제자백가		諸子百家	
3급Ⅱ	7급	7급	7급

諸 子 百 家

| 모두 제 | 아들 자 | 일백 백 | 집 가 |

諸諸諸諸諸諸諸諸諸
子了子
百百百百百百
家家家家家家家家家

뜻 중국(中國)의 춘추전국시대(春秋戰國時代)의 여러 학파(學派)를 말한다.

주해 諸子百家에서 子는 학자나 스승에 대한 존칭어이다. 家은 학파이며, 百家는 수많은 학파를 일컫는 말.

諸君(제군)	子息(자식)	百姓(백성)	家屋(가옥)
諸般(제반)	*子子孫孫	百萬大軍	家庭(가정)
諸子百家	(자자손손)	(백만대군)	家訓(가훈)
(제자백가)	箱子(상자)	百濟(백제)	家具(가구)

***子子孫孫**(자자손손):자손의 여러 대. 대대손손(代代孫孫).

| 諸 | 君 | 諸 | 般 | 諸 | 子 | 百 | 家 |

| 子 | 息 | 子 | 孫 | 孫 | 箱 | 子 |

| 百 | 姓 | 百 | 萬 | 大 | 軍 | 百 | 濟 |

| 家 | 屋 | 家 | 庭 | 家 | 訓 | 家 | 具 |

조령모개 朝令暮改

6급 5급 3급 5급

朝 令 暮 改

아침 조　명령 령　저물 모　고칠 개

朝朝朝朝朝朝朝朝朝朝朝朝
令令令令令
暮暮暮暮暮暮暮暮暮暮暮暮
改改改改改改改

뜻 일관성 없는 정책을 빗대어 쓰는 말.
주해 朝令暮改는 '아침에 영을 내리고 저녁에 고친다'는 뜻으로, 상부에서 내린 명령이나 지시가 일관성 없게 자주 바뀜을 뜻하는 말이다.

朝夕(조석)	令狀(영장)	朝三暮四	改善(개선)
朝飯(조반)	命令(명령)	(조삼모사)	改良(개량)
朝廷(조정)	法令(법령)	歲暮(세모)	改造(개조)
朝會(조회)	令愛(영애)		改正(개정)

朝夕 朝飯 朝廷 朝會

令狀 命令 法令 令愛

朝三暮四 歲暮

改善 改良 改造 改正

朝令暮改

| 적자생존 | 適者生存 |

4급	6급	8급	4급
適	者	生	存
맞을 적	사람 자	살 생	있을 존

뜻 생존 경쟁의 결과, 그 환경에 맞는 것만이 살아남고 그렇지 못한 것은 차차 쇠퇴(衰退), 멸망해 가는 자연 도태의 현상을 일컫는 말.
예 영국의 과학자 다윈은 이런 현상을 適者生存의 법칙이라고 했다.

適材適所 (적재적소)	亡命者(망명자)	生死(생사)	存在(존재)
適當(적당)	富者(부자)	生必品(생필품)	存亡(존망)
適期(적기)	貧者(빈자)	生命(생명)	存續(존속)
	患者(환자)	生活(생활)	實存(실존)

適材適所 適當 適期

亡命者 富者 患者

生必品 生命 生活

存在 存亡 存續 實存

適者生存

賊	反	荷	杖
賊	反	荷	杖
賊	反	荷	杖
賊	反	荷	杖

적반하장	賊反荷杖
4급 6급	3급 1급

賊 反 荷 杖

도둑 적	도리어 반	멜 하	몽둥이 장
賊賊賊賊賊賊賊賊賊賊賊賊	反反反反	荷荷荷荷荷荷荷荷荷荷	杖杖杖杖杖杖杖

뜻 잘못한 사람이 도리어 잘 한 사람을 나무라는 경우를 이르는 말.

주해 賊反荷杖은 '도둑[賊]이 도리어[反] 몽둥이[杖]를 든다[荷]'는 뜻. 우리 속담 '방귀 뀐 놈이 화낸다.'는 말과 같은 뜻이다.

*杖頭錢(장두전):여행할 때 술값으로 지니고 다니는 약간의 돈.

盜賊(도적)	反對(반대)	荷重(하중)	杖刑(장형)
逆賊(역적)	反抗(반항)	荷役(하역)	*杖頭錢(장두전)
*亂臣賊子	反響(반향)	手荷物(수하물)	短杖(단장)
(난신적자)	相反(상반)	入荷(입하)	棍杖(곤장)

*亂臣賊子(난신적자):나라를 어지럽게 하는 신하와 어버이를 해치는 자식

盜賊	逆賊	亂臣賊子
反對	反抗	反響	相反
荷重	荷役	手荷物
杖頭錢	短杖	棍杖

일파만파	一波萬波
8급　　4급Ⅱ	8급　　4급Ⅱ

一波萬波

| 한 일 | 물결 파 | 일만 만 | 물결 파 |

一
波波波波汅波波波
萬萬萬萬萬萬萬萬萬萬萬萬
波波波波汅波波波

뜻 한 사건이 비단 그 사건에 그치지 않고 잇달아 많은 사건으로 번짐.

주해 一波萬波는 한〔一〕물결〔波〕이 생기면 萬 물결〔波〕이 따라 생김. 조그마한 한 사건이 큰 파장을 불러 일으킨다는 뜻.

一心(일심)	波文(파문)	*萬事亨通	波高(파고)
一點(일점)	波狀(파상)	(만사형통)	波及效果
唯一(유일)	波濤(파도)	萬壽無疆	(파급효과)
單一(단일)	秋波(추파)	(만수무강)	秋波(추파)

*萬事亨通(만사형통):모든 일이 뜻한 대로 잘 됨.

一心　一點　唯一　單一

波文　波狀　波濤　秋波

萬事亨通　萬壽無疆

波高　波及　效果　秋波

一波萬波

입신양명	立身揚名
7급 6급	3급Ⅱ 7급

立 身 揚 名

| 설 립 | 몸 신 | 날릴 양 | 이름 명 |

뜻 사회적으로 인정을 받고 출세하여 이름을 세상에 드날림. 후세에 이름을 떨쳐 부모를 영광되게 해 드리는 것을 이르는 말.

주해 立身揚名은 자신의 몸[身]을 바르게 세우고[立] 이름[名]을 날림[揚]을 뜻함.

立志(입지)	身體檢查	揚力(양력)	*名實相符
立體(입체)	(신체검사)	浮揚(부양)	(명실상부)
獨立(독립)	殺身成仁	止揚(지양)	名畵(명화)
確立(확립)	(살신성인)	讚揚(찬양)	署名(서명)

*名實相符(명실상부):이름과 실상이 꼭 들어맞음.

立	志	立	體	獨	立	確	立
身	體	檢	查	殺	身	成	仁
揚	力	浮	揚	止	揚	讚	揚
名	實	相	符	名	畵	署	名

일장춘몽	一場春夢
8급 7급	7급 3급Ⅱ

一 場 春 夢

| 한 일 | 마당 장 | 봄 춘 | 꿈 몽 |

一
場場場場場場場場場
存春春夫夫春春春
夢夢夢夢夢夢夢夢

뜻 인생의 헛된 영화(榮華)나 덧없는 일을 비유하여 이르는 말.

주해 一場春夢은 '한바탕[一場]의 봄꿈[一場]'이란 뜻으로, 인생의 허무함을 비유한 말.

| 一場訓示
(일장훈시)
*一言之下
(일언지하) | 場所(장소)
劇場(극장)
運動場(운동장)
競技場(경기장) | 春香傳(춘향전)
春夏秋冬
(춘하추동)
靑春(청춘) | 解夢(해몽)
同床異夢
(동상이몽)
夢想(몽상) |

※一言之下(일언지하): 한 마디로 딱 잘라서 말함. 두 말할 나위 없음.

一 場 訓 示 一 言 之 下

劇 場 運 動 場 競 技 場

春 香 傳 春 夏 秋 冬

解 夢 同 床 異 夢 夢 想

一 場 春 夢

사필귀정	事必歸正
7급 5급	4급 7급

事 必 歸 正

| 일 사 | 반드시 필 | 돌아갈 귀 | 바를 정 |

뜻 모든 잘잘못은 반드시 바른 길로 돌아옴.
주해 事必歸正은 처음에는 시비 곡직을 가리지 못하여 그릇되더라도 모든 일은 결국에 가서는 반드시 정리(正理)로 돌아감을 뜻하는 말. 우리 속담의 '콩 심은 데 콩 나고, 팥 심은 데 팥 난다.'와 같다.

事情(사정)	必需品(필수품)	歸鄕(귀향)	正直(정직)
事緣(사연)	必要惡(필요악)	歸京(귀경)	正常(정상)
事由(사유)	必死的(필사적)	歸省客(귀성객)	正統(정통)
事實(사실)	必讀書(필독서)	歸還(귀환)	正確(정확)

事情 事緣 事由 事實

必需品 必死的 歸還

歸鄕 歸省客 必讀書

正直 正常 正統 正確

중구난방	衆口難防
4급Ⅱ 7급	4급Ⅱ 4급Ⅱ

衆 口 難 防

| 무리 중 | 입 구 | 어려울 난 | 막을 방 |

衆衆衆衆衆衆衆衆衆衆
口口口
難難難難難難難難難難難
防防防防防防防

뜻 여러 사람의 여러 가지 의견을 하나하나 받아넘기기 어려움을 이르는 말.

주해 衆口難防은 여러 사람의 입을 막기 어렵다는 뜻으로, 많은 사람들이 함부로 떠들어대는 것은 감당하기 어려우니, 행동을 조심해야 함을 뜻함.

＊異口同聲(이구동성):여러 사람의 말이 한결같이 같음.

衆論(중론)	口號(구호)	難關(난관)	防犯(방범)
衆生(중생)	口腔(구강)	險難(험난)	防備(방비)
群衆(군중)	＊異口同聲	＊難攻不落	防衛(방위)
聽衆(청중)	(이구동성)	(난공불락)	堤防(제방)

＊難攻不落(난공불락):공격하기 어려워 좀처럼 함락되지 않음.

衆論 衆生 群衆 聽衆

口號 口腔 異口同聲

難關 險難 難攻不落

防犯 防備 防衛 堤防

衆口難防

進	退	維	谷

진퇴유곡 進退維谷

進退維谷

나아갈 진	물러날 퇴	오직 유	막힐 곡
4급Ⅱ	4급Ⅱ	3급Ⅱ	3급Ⅱ

뜻 앞으로 나아갈 수도 없고 물러설 수도 없이 궁지에 몰려 있음.

주해 進退維谷은 '앞으로도 뒤로도 나아가거나 물러서지 못한다' 라는 뜻으로, 궁지에 빠진 상태를 이르는 말. 비 진퇴양난(進退兩難).

進軍(진군)	退路(퇴로)	維新憲法	溪谷(계곡)
進擊(진격)	退陣(퇴진)	(유신헌법)	深山幽谷
前進(전진)	後退(후퇴)	維持(유지)	(심산유곡)
後進(후진)	衰退(쇠퇴)	纖維(섬유)	峽谷(협곡)

進軍	進擊	前進	後進
退路	退陣	後退	衰退
維新	憲法	維持	纖維
溪谷	深山	幽谷	峽谷

창해일속	滄海一粟
2급 7급	8급 3급

滄 海 一 粟

큰바다 창	바다 해	한 일	좁쌀 속
滄滄滄滄滄滄滄滄	海海海海海海海海	一	粟粟粟粟粟粟粟粟粟粟

뜻 매우 작음, 또는 보잘것없는 인간을 비유하는 말.
주해 '큰 바다〔滄海〕에 던져진 좁쌀 한 톨〔一粟〕'이라는 뜻으로, 지극히 작은 것이나 이 세상에서의 인간 존재의 허무함을 이르는 말. **비** 대해일적(大海一滴).

※滄桑之變(창상지변)・滄海桑田(창해상전):세상일이 덧없이 바뀜.상전벽해(桑田碧海).

| ※滄桑之變
(창상지변)
※滄海桑田
(창해상전) | 海邊(해변)
海上(해상)
海岸(해안)
海鳥(해조) | 唯一無二
(유일무이)
※一陣狂風
(일진광풍) | 粟米(속미)
滄海一粟
(창해일속) |

※一陣狂風(일진광풍):한바탕 부는 사납고 거센 바람.

滄桑之變 滄海桑田

海邊 海上 海岸 海鳥

唯一無二 一陣狂風

粟米 滄海一粟

滄海一粟

촌철살인	寸鐵殺人
8급 5급	4급Ⅱ 8급

寸 鐵 殺 人

치 촌	쇠 철	죽일 살(쇄)	사람 인
寸 寸 寸	鐵 鐵 鐵 鐵 鐵 鐵 鐵 鐵 鐵 鐵	殺 殺 殺 殺 殺 殺 殺 殺	人 人

뜻 짧막한 경구(警句)나 격언 등으로 사람을 감동시키거나, 또는 사물의 급소를 찌름의 비유하는 말.
주해 寸鐵殺人은 '한 치밖에 안 되는 칼로 사람을 죽인다'는 뜻.

寸刻(촌각)	鐵拳(철권)	殺伐(살벌)	人道主義
寸步(촌보)	鐵工所(철공소)	殺人犯(살인범)	(인도주의)
寸志(촌지)	鐵石(철석)	相殺(상쇄)	*盡人事待天命
寸數(촌수)	鐵筋(철근)	殺到(쇄도)	(진인사대천명)

※盡人事待天命(진인사 대천명):사람 힘으로 할 수 있는 일을 다하고 나머지는 천명을 기다림.

태연자약	泰然自若
3급Ⅱ 7급	7급 3급Ⅱ

泰 然 自 若

| 클 태 | 그럴 연 | 스스로 자 | 같을 약(야) |

泰泰泰夫夫夫泰泰泰泰
然ググタ幻external然然然然
自自自自自自
若若若若若若若若

뜻 마음에 충동을 받아도 동요하지 않고 천연(天然)스러운 것.

주해 泰然自若에서 泰然은 태도나 기색이 아무렇지 않다는 뜻이고, 自若은 큰일을 당하고도 아무렇지도 않은 듯 침착함.

泰山(태산)	天然資源	自白(자백)	若干(약간)
泰國(태국)	(천연자원)	自認(자인)	若年性(약년성)
泰然(태연)	自然保護	自殺(자살)	萬若(만약)
泰陵(태릉)	(자연보호)	獨自(독자)	般若(반야)

泰山 泰國 泰然 泰陵

天然資源 自然保護

自白 自認 自殺 獨自

若年性 萬若 般若

泰 然 自 若

호사다마	好事多魔
4급Ⅱ 7급	6급 2급

好 事 多 魔

좋을 호 　 일 사 　 많을 다 　 마귀 마

好好好好好好
事事事事事事事事
多多多多多多
魔魔魔魔魔魔魔魔魔

뜻 좋은 일에는 방해가 되는 일이 많음.
주해 好事多魔는 좋은 일일수록 혹시 일어날지 모르는 앞날의 우환에 대비하여 조심하라는 경계의 뜻도 들어 있다.
예 好事多魔라고, 좋은 일이 많으면 나쁜 일도 있게 마련이다.

好感(호감)	事實(사실)	多多益善	魔王(마왕)
好意(호의)	事件(사건)	(다다익선)	魔鬼(마귀)
好條件(호조건)	事理(사리)	多情多感	魔術(마술)
好況(호황)	慶事(경사)	(다정다감)	惡魔(악마)

好感 好意 好條件

事實 事件 事理 慶事

多多益善 多情多感

魔王 魔鬼 魔術 惡魔

학수고대	鶴首苦待
3급Ⅱ　　5급	6급　　6급

鶴首苦待

| 학 학 | 머리 수 | 쓸 고 | 기다릴 대 |

뜻 몹시 기다림을 이르는 말.
주해 鶴처럼 목을 길게 빼고〔首〕애타게〔苦〕기다린다〔待〕는 뜻으로, 누군가를 몹시 기다릴 때 '목빠질 뻔했다.'는 표현도 여기에서 나왔다.

白鶴(백학)	首相(수상)	苦難(고난)	待機(대기)
群鷄一鶴(군계일학)	首席(수석)	苦惱(고뇌)	待接(대접)
鶴髮(학발)	首肯(수긍)	*苦盡甘來(고진감래)	待遇(대우)
	自首(자수)		優待(우대)

*苦盡甘來(고진감래):고생이 끝나면 즐거움이 옴.

白鶴　群鷄一鶴　鶴髮

首相　首席　首肯　自首

苦難　苦惱　苦盡甘來

待機　待接　待遇　優待

鶴首苦待

咸	興	差	使
咸	興	差	使
咸	興	差	使
咸	興	差	使

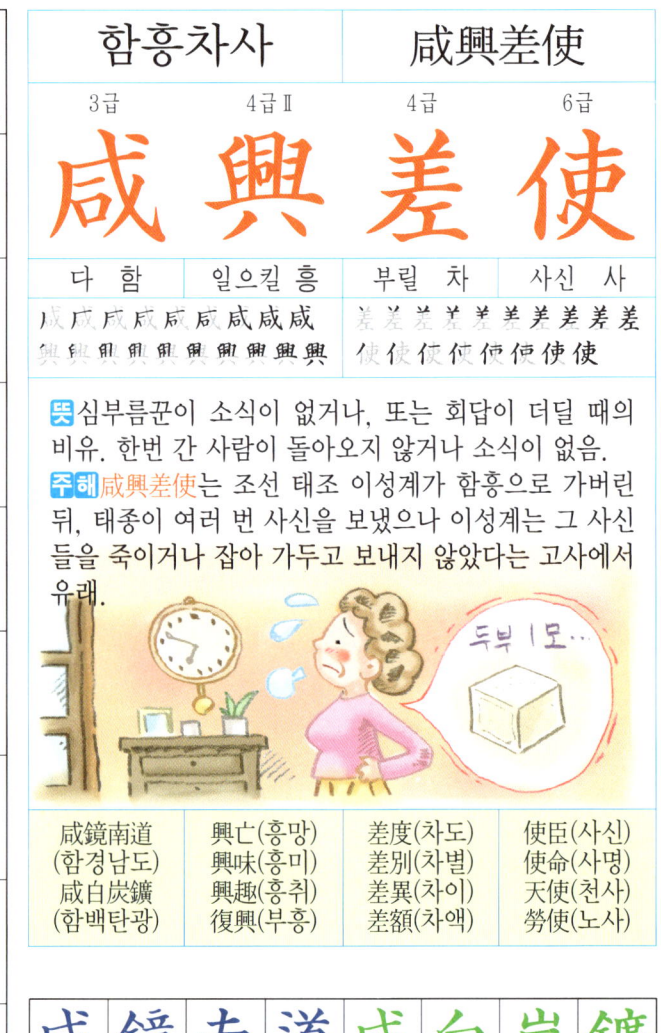

함흥차사	咸興差使

3급	4급Ⅱ	4급	6급
咸	興	差	使
다 함	일으킬 흥	부릴 차	사신 사

뜻 심부름꾼이 소식이 없거나, 또는 회답이 더딜 때의 비유. 한번 간 사람이 돌아오지 않거나 소식이 없음.

주해 咸興差使는 조선 태조 이성계가 함흥으로 가버린 뒤, 태종이 여러 번 사신을 보냈으나 이성계는 그 사신들을 죽이거나 잡아 가두고 보내지 않았다는 고사에서 유래.

咸鏡南道(함경남도)	興亡(흥망)	差度(차도)	使臣(사신)
咸白炭鑛(함백탄광)	興味(흥미)	差別(차별)	使命(사명)
	興趣(흥취)	差異(차이)	天使(천사)
	復興(부흥)	差額(차액)	勞使(노사)

咸	鏡	南	道	咸	白	炭	鑛
興	亡	興	味	興	趣	復	興
差	度	差	別	差	異	差	額
使	臣	使	命	天	使	勞	使

형설지공 螢雪之功

3급	6급	3급Ⅱ	6급
螢	雪	之	功
반딧불 형	눈 설	어조사 지	공 공

뜻 고생하면서도 꾸준히 학문을 닦아 이룬 공.

주해 螢雪之功은 옛날 진(晉)나라 사람 손강(孫康)과 차윤(車胤)이 몹시 가난하여 등잔 기름을 살 수 없었기 때문에 눈빛과 반딧불로 글을 읽었다는 고사에서 나온 말. **비** 설안형창(雪案螢窓).

| 螢光燈 (형광등) | 雪景(설경) | 自中之亂 (자중지란) | 功勞(공로) |
| 螢光物質 (형광물질) | 暴雪(폭설) *雪上加霜 (설상가상) | 苦肉之策 (고육지책) | 功績(공적) 成功(성공) 有功者(유공자) |

*雪上加霜(설상가상):눈 위에 서리를 더함. 곧 불행한 일이 연거푸 겹침.

螢光燈 螢光物質

雪景 暴雪 雪上加霜

自中之亂 苦肉之策

功績 成功 有功者

螢雪之功

糊口之策

호구지책	糊口之策
1급　　　7급	3급Ⅱ　　　3급Ⅱ

糊口之策

풀 호　　입 구　　어조사 지　　꾀 책

뜻 겨우 먹고 살아가는 방책을 이르는 말.
주해 糊口之策은 '입〔口〕에 풀칠하는〔糊〕 방책〔策〕'이라는 뜻으로, 겨우 끼니를 이어가기 위한 방책을 말한다. 비 구식지계(口食之計).

※口尙乳臭(구상유취): 입에서 아직 젖내가 난다는 뜻으로, 말이나 하는 짓이 아직 유치함.

| 糊口之策
(호구지책)
※糊塗(호도)
:얼버무려 넘김. | 口頭(구두)
出入口(출입구)
※口尙乳臭
(구상유취) | ※愛之重之
(애지중지)
感之德之
(감지덕지) | 策定(책정)
策動(책동)
術策(술책)
計策(계책) |

※愛之重之(애지중지): 매우 사랑하고 소중히 여김.

糊口之策　糊塗

口頭　口尙乳臭

愛之重之　感之德之

策定　策動　術策　計策

호연지기 浩然之氣

浩然之氣

넓을 호 / 그럴 연 / 어조사 지 / 기운 기

뜻 ①도의에 근거를 두고 굽히지 않고 흔들리지 않는 바르고 큰 마음. ②하늘과 땅 사이에 가득 찬 넓고 큰 정기(浩然之氣). 공명 정대하여 조금도 부끄럼 없는 용기. ③잡다한 일에서 벗어난 자유로운 마음을 이르는 말.

浩氣(호기)
浩蕩(호탕)
浩然之氣(호연지기)

泰然(태연)
必然(필연)
天然色映畵(천연색영화)

自中之亂(자중지란)
老馬之智(노마지지)

氣壓(기압)
氣候(기후)
氣象(기상)
溫氣(온기)

혹세무민 惑世誣民

미혹할 혹 / 세상 세 / 속일 무 / 백성 민

뜻 세상 사람을 속여 미혹하게 하고 세상을 어지럽힘.
주해 동학(東學)이 민간에 퍼지자, 조정은 '세상을 현혹시키고 백성을 기만한다'는 惑世誣民의 죄로 최제우를 비롯한 20여 명의 동학교도들을 체포하였다.

惑星脫出 (혹성탈출)
誘惑 (유혹)
迷惑 (미혹)

世界 (세계)
世紀末 (세기말)
末世 (말세)
王世子 (왕세자)

誣告罪 (무고죄)
惑世誣民 (혹세무민)

民營化 (민영화)
民族 (민족)
民主主義 (민주주의)

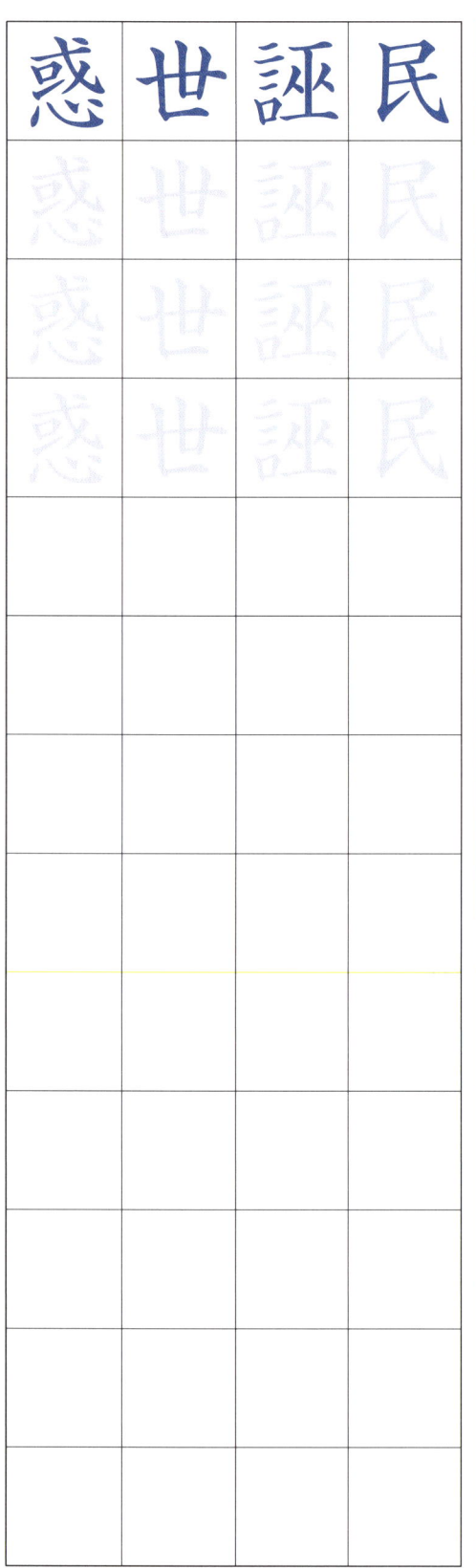

천의무봉 天衣無縫

天(7급) 衣(6급) 無(5급) 縫(2급)

하늘 천 / 옷 의 / 없을 무 / 꿰맬 봉

뜻 ①시가나 문장 따위가 꾸민 데 없이 완미(玩味)함.
②사물이 완전 무결함.

주해 天衣는 원래 바늘이나 실로 꿰매 만드는 것이 아니고 처음부터 그대로 만들어져 있다〔無縫〕는 전설적인 옷이다.

天佑神助 (천우신조)
千載一遇 (천재일우)
衣裳(의상)
衣服(의복)
衣類(의류)
內衣(내의)
無限(무한)
無數(무수)
無情(무정)
無煙(무연)
縫製工場 (봉제공장)
裁縫師 (재봉사)

199

위기일발	危機一髮

4급	4급	8급	4급
危	機	一	髮
위태로울 위	때 기	한 일	머리카락 발
危危危产危危	機機機機機機機機機機	一	髟髟髟髟髟髟髮髮髮髮

뜻 눈앞에 닥친 위기의 순간을 이르는 말.
주해 危機一髮은 '머리털 하나로 천균(千鈞)이나 되는 물건을 끌어당긴다'는 고사에서 나온 말로, 당장에라도 끊어질 듯한 위험한 순간을 비유해 이르는 말. 균(鈞)은 약 30근(斤)의 무게이다.

危殆(위태)	機體(기체)	一種(일종)	理髮所(이발소)
危險(위험)	機關(기관)	一笑(일소)	散髮(산발)
危急(위급)	機械(기계)	一瀉千里	*身體髮膚
危篤(위독)	飛行機(비행기)	(일사천리)	(신체발부)

***身體髮膚**(신체발부): 사람의 몸과 머리털과 피부라는 뜻으로, 온몸.

危殆 危險 危急 危篤

機關 機械 飛行機

一種 一笑 一瀉千里

理髮所 身體髮膚

危機一髮

와신상담		臥薪嘗膽	
3급	1급	3급	2급
臥	薪	嘗	膽
누울 와	땔나무 신	맛볼 상	쓸개 담

뜻 원수를 갚으려고 온갖 괴로움을 참고 견딤.

주해 臥薪嘗膽은 중국 춘추 시대의 오왕(吳王) 부차(副次)와 월왕(越王) 구천(勾踐)의 고사에서, 일부러 섶나무 위에서 자고, 쓰디쓴 곰 쓸개를 핥으며 패전의 굴욕을 되새겼다는 뜻에서 유래하였다.

臥病(와병)	薪木(신목)	未嘗不	大膽(대담)
*臥龍燭臺 (와룡촉대)	薪炭(신탄) 臥薪嘗膽 (와신상담)	(미상불) 賞味(상미) 常時(상시)	膽管(담관) 落膽(낙담) 膽囊(담낭)

※ 臥龍燭臺(와룡촉대): 놋쇠나 나무로 만든, 긴 줄기에 용틀임을 새긴 촛대.

臥	病	臥	龍	燭	臺
薪	木	薪	炭	臥	薪	嘗	膽
未	嘗	不	賞	味	常	時
大	膽	膽	管	落	膽	膽	囊

용두사미 龍頭蛇尾

4급	6급	3급	3급
龍	頭	蛇	尾
용 용	머리 두	뱀 사	꼬리 미

뜻 시작(始作)은 좋았다가 갈수록 나빠짐의 비유하는 말. 처음 출발은 야단스러운데, 끝장은 보잘것없이 흐지부지되는 것을 뜻하는 말.

주해 '머리는 용[龍頭]이나 꼬리는 뱀[蛇尾]'이라는 뜻으로, 처음에는 그럴 듯하게 보이던 것이 끝에는 시원치 못함을 이르는 말.

※蛇足(사족):뱀의 발이라는 뜻으로, 쓸데없는 일을 덧붙여 하다가 도리어 일을 그르침.

龍顔(용안)	頭目(두목)	※蛇足(사족)	尾骨(미골)
龍虎相搏(용호상박)	頭腦(두뇌)	毒蛇(독사)	尾行(미행)
恐龍(공룡)	※蓬頭亂髮(봉두난발)	長蛇陣(장사진)	交尾(교미)
		殺母蛇(살모사)	末尾(말미)

※蓬頭亂髮(봉두난발):쑥대머리로 더부룩하게 엉클어진 머리털.

龍顔 龍虎相搏 恐龍

頭目 頭腦 蓬頭亂髮

蛇足 長蛇陣 殺母蛇

尾骨 尾行 交尾 末尾

龍頭蛇尾

일사천리		一瀉千里	
8급	1급	7급	7급

一 瀉 千 里

한 일	흐를 사	일천 천	리 리
一	瀉瀉瀉瀉瀉瀉瀉瀉瀉	千千千	里口曰甲里里

뜻 ①조금도 거침없이 빨리 진행됨. ②문장이나 글이 명쾌함을 이르는 말.
주해 一瀉千里는 강물이 거침없이 흘러 천 리에 다다른다는 뜻이다.

| 一石二鳥
(일석이조)
一勝一敗
(일승일패) | 一瀉千里
(일사천리) | *千辛萬苦
(천신만고)
千里馬(천리마)
千里眼(천리안) | 里長(이장)
洞里(동리)
里程表(이정표)
三千里(삼천리) |

*千辛萬苦(천신만고):마음과 몸을 온 가지로 수고롭게 하고 애씀.

一石二鳥 一勝一敗

一瀉千里 千里馬

千辛萬苦 千里眼

里長 里程表 三千里

우이독경 牛耳讀經

5급	5급	6급	4급Ⅱ
牛	耳	讀	經
소 우	귀 이	읽을 독(두)	책 경

牛牛牛牛
耳耳耳耳耳耳
讀讀讀讀讀讀讀讀讀
經經經經經經經經經

뜻 우둔한 사람은 아무리 가르치고 일러주어도 알아듣지 못함을 비유하여 이르는 말.

주해 '쇠귀〔牛耳〕에 경 읽기〔讀經〕' 라는 뜻으로, 어리석어 남의 말을 이해하지 못함을 이르는 말.

牛馬車(우마차)	耳目(이목)	讀書室(독서실)	經典(경전)
韓牛(한우)	耳順(이순)	讀經(독경)	經過(경과)
九牛一毛	耳鼻咽喉科	句讀點(구두점)	經營(경영)
(구우일모)	(이비인후과)	吏讀(이두)	經驗(경험)

牛馬車 九牛一毛

耳順 耳鼻咽喉科

讀書室 句讀點 吏讀

經典 經過 經營 經驗

牛耳讀經

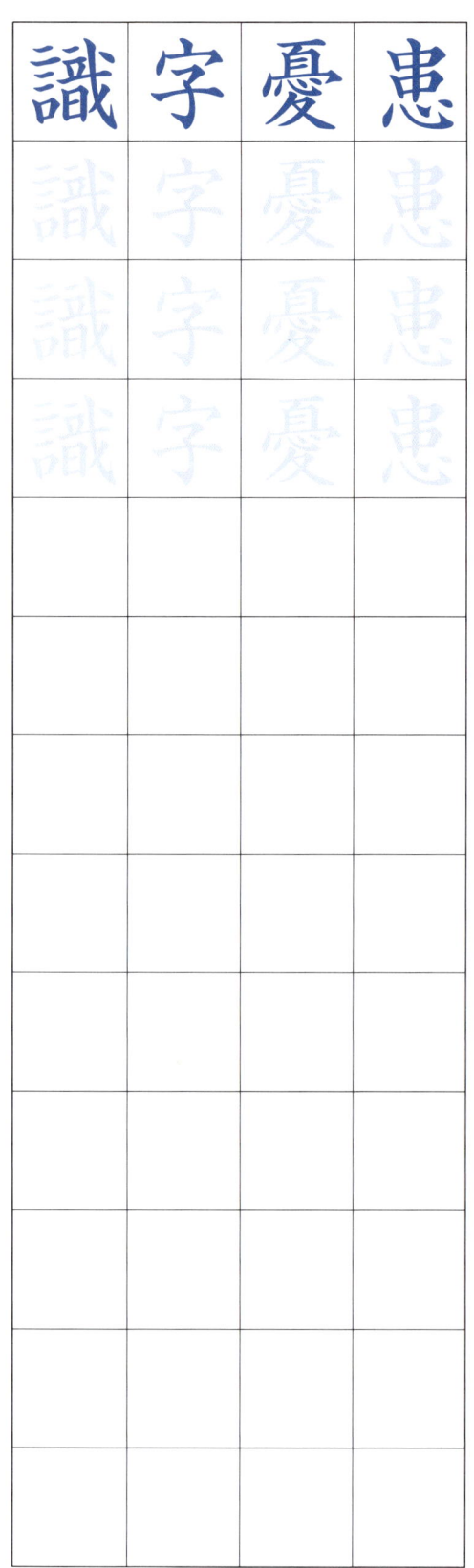

식자우환	識字憂患
5급 7급	3급Ⅱ 5급

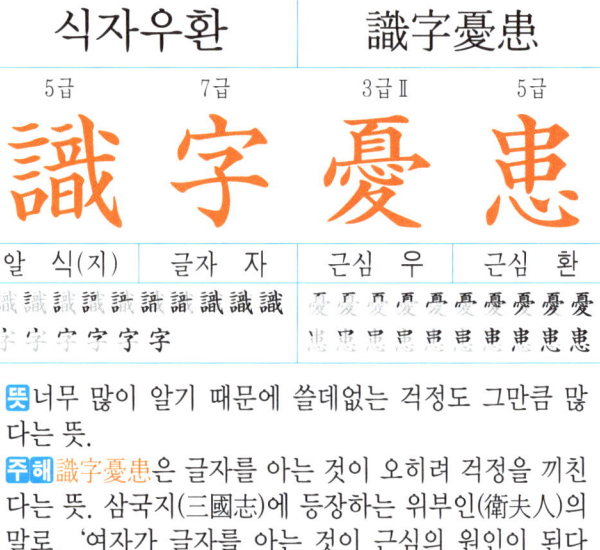

알 식(지)　글자 자　근심 우　근심 환

識識識識識識識識識識　憂憂憂憂憂憂憂憂憂憂
字字字字字字　　　　　患患患患患患患患患患

뜻 너무 많이 알기 때문에 쓸데없는 걱정도 그만큼 많다는 뜻.

주해 識字憂患은 글자를 아는 것이 오히려 걱정을 끼친다는 뜻. 삼국지(三國志)에 등장하는 위부인(衛夫人)의 말로, '여자가 글자를 아는 것이 근심의 원인이 된다〔女子識字憂患〕'에서 나온 것이다.

識見(식견)	字典(자전)	憂慮(우려)	患部(환부)
識別(식별)	漢字(한자)	憂患(우환)	患者(환자)
識量(식량)	文字(문자)	杞憂(기우)	患候(환후)
標識(표지)	字間(자간)	內憂(내우)	後患(후환)

識見	識別	識量	標識
字典	漢字	文字	字間
憂慮	憂患	杞憂	內憂
患部	患者	患候	後患

삼고초려	三顧草廬
8급 3급	7급 2급

三顧草廬

석 삼	찾을 고	풀 초	오두막집 려

一二三
顧顧顧顧顧顧顧顧
草草草草草草草草
廬廬廬廬廬廬廬廬

뜻 사람을 진심으로 예를 갖추어 맞이한다는 것을 비유한 말. 유능한 인재를 얻기 위해서는 인내심을 발휘하고 최선을 다해야 한다는 뜻.

주해 三顧草廬는 '초가집을 세 번 찾아간다'는 뜻으로, 유비가 제갈공명을 세 번이나 찾아갔다는 데서, 인재를 구하기 위하여 여러 번 찾아가서 예를 다하는 일.

三綱(삼강)	顧客(고객)	草木(초목)	
三權(삼권)	顧問(고문)	草案(초안)	三顧草廬
三寒四溫 (삼한사온)	顧慮(고려) 回顧錄(회고록)	草綠(초록) 花草(화초)	(삼고초려)

三綱 三權 三寒四溫

顧客 顧慮 回顧錄

草木 草案 草綠 花草

三顧草廬

三顧草廬

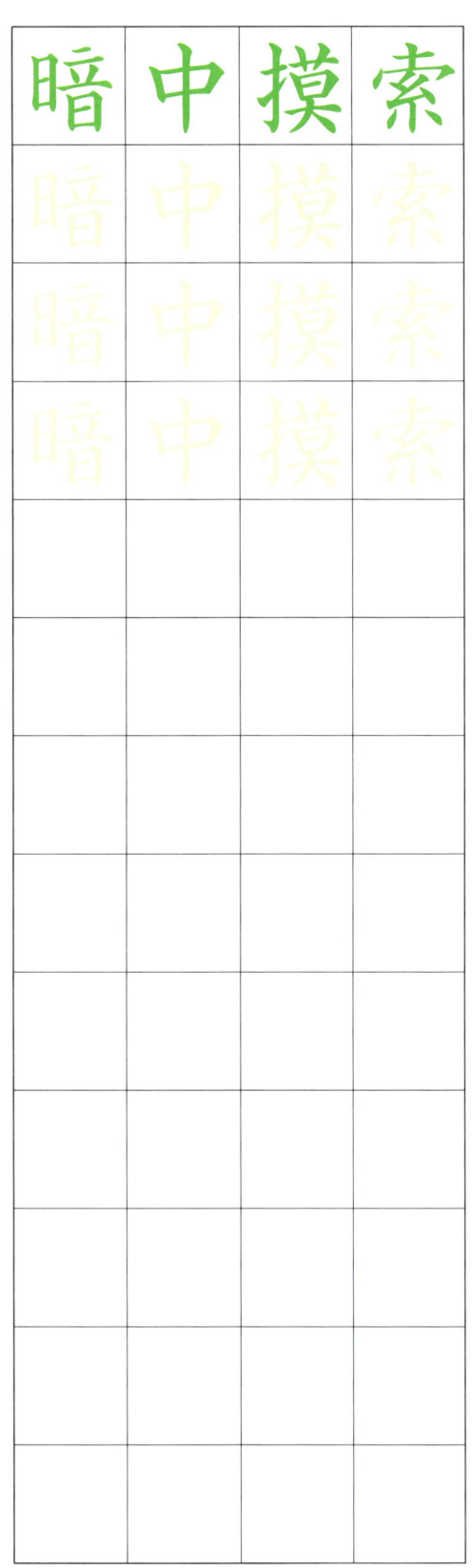

암중모색	暗中摸索
4급Ⅱ 8급	1급 3급Ⅱ

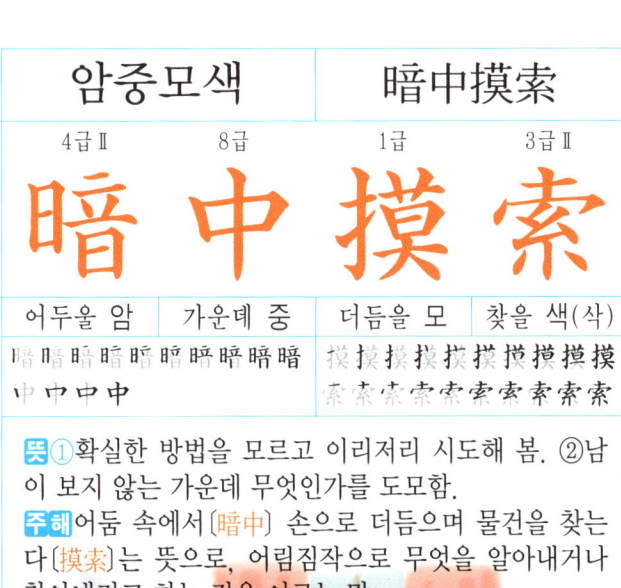

어두울 암 | 가운데 중 | 더듬을 모 | 찾을 색(삭)

뜻 ①확실한 방법을 모르고 이리저리 시도해 봄. ②남이 보지 않는 가운데 무엇인가를 도모함.

주해 어둠 속에서〔暗中〕손으로 더듬으며 물건을 찾는다〔摸索〕는 뜻으로, 어림짐작으로 무엇을 알아내거나 찾아내려고 하는 것을 이르는 말.

暗室(암실)	中庸(중용)	*摸倣(모방)	索引(색인)
暗號(암호)	中産層(중산층)	:摸倣=模倣(모방)	索莫(삭막)
暗記(암기)	中央(중앙)	暗中摸索	思索(사색)
明暗(명암)	的中(적중)	(암중모색)	探索(탐색)

아비규환	阿鼻叫喚
3급Ⅱ　　　5급	3급　　　1급

阿鼻叫喚

| 언덕 아 | 코 비 | 부르짖을 규 | 부를 환 |

阿阿阿阿阿阿
鼻鼻鼻鼻鼻鼻鼻鼻鼻
叫叫叫叫叫
喚喚喚喚喚喚喚喚喚

뜻 차마 눈뜨고 보지 못할 참상이라는 말.
주해 阿鼻는 범어 Avicir의 음역으로 阿는 무(無), 鼻는 구(救)로서 '전혀 구제받을 수 없다'는 뜻임. 아비지옥은 불교에서 말하는 8대 지옥 중 가장 아래에 있는 지옥으로 '잠시도 고통이 쉴 날이 없다' 하여 무간지옥(無間地獄)이라고도 함.

＊喚起(환기):換氣(환기)　＊喚聲(환성):歡聲(환성)　＊喚呼(환호):歡呼(환호)

阿諂(아첨)	阿鼻地獄	叫彈(규탄)	＊喚起(환기)
阿附(아부)	(아비지옥)	絶叫(절규)	喚聲(환성)
阿膠質(아교질)	耳鼻咽喉科	阿鼻叫喚	喚呼(환호)
＊阿兄(아형)	(이비인후과)	(아비규환)	召喚(소환)

＊阿兄(아형):형뻘 되는 사람을 친근하게 부르는 말. 아형(雅兄)은 친구를 존경하여 부르는 말.

阿諂 阿附 阿膠質

地獄 耳鼻咽喉科

叫彈 絶叫 阿鼻叫喚

喚起 喚聲 喚呼 召喚

사생유명 死生有命

死生有命

| 죽을 사 | 날 생 | 있을 유 | 목숨 명 |

뜻 사람의 살고 죽음은 다 천명(天命)에 달려 있으므로 사람의 힘으로는 어찌할 수 없음을 이르는 말.

주해 死生有命은 인간이 죽고 사는 것과 생로병사(生老病死)와 부귀영화(富貴榮華)는 모두 인간의 의지로 어찌할 수 없는 숙명(宿命)이라는 뜻.

死亡(사망)	生命(생명)	有名(유명)	命運(명운)
死活(사활)	生活(생활)	有限(유한)	革命(혁명)
死後(사후)	生涯(생애)	有利(유리)	運命(운명)
死滅(사멸)	學生(학생)	保有(보유)	薄命(박명)

死亡 死活 死後 死滅

生命 生活 生涯 學生

有名 有限 有利 保有

命運 革命 運命 薄命

삼라만상 森羅萬象

森羅萬象
- 森 (3급Ⅱ) 빽빽할 삼
- 羅 (4급Ⅱ) 휩싸일 라
- 萬 (8급) 일만 만
- 象 (4급) 모양 상

뜻: 우주 안에 있는 온갖 사물과 현상.

주해: 森羅는 울창한 나무들이 빽빽하게 늘어서 있듯이 우주(宇宙)에 펼쳐진 온갖 사물(事物)이고, 萬象은 우주에서 일어나는 온갖 현상(現象)이나 형체(形體)이다.

- 森林(삼림)
- 森嚴(삼엄)
- 山林浴(산림욕)
- 新羅(신라)
- 耽羅(탐라)
- 羅城(나성)
- 羅刹(나찰)
- *萬頃滄波(만경창파)
- 萬有引力(만유인력)
- 象牙(상아)
- 象徵(상징)
- 自然現象(자연현상)

*羅城(나성): 로스앤젤레스. *万京滄波(만경창파): 한없이 넓은 바다나 호수의 푸른 물결.

森林 森嚴 山林浴
新羅 耽羅 羅城 羅刹
萬頃滄波 萬有引力
象牙 象徵 自然現象

수수방관	袖手傍觀
1급　　7급	3급　　5급

袖手傍觀

소매 수	손 수	곁 방	볼 관

袖袖袖袖袖袖袖袖袖
手手手手

傍傍傍傍傍傍傍傍
觀觀觀觀觀觀觀觀觀

뜻 응당 해야 할 일에 아무런 간여도 하지 않고 그대로 버려 둠.

주해 '팔짱을 끼고〔袖手〕보고만 있다〔傍觀〕'는 뜻으로, 바로 옆에서 큰 일이 벌어졌는데도 '이웃집 불구경 하듯, 아무 행위도 하지 않고 바라만 보고 있는 것.

袖口(수구)	手帖(수첩)	*傍系血族	觀光(관광)
袖納(수납)	手相(수상)	(방계혈족)	觀心(관심)
袖手傍觀	手話(수화)	傍若無人	觀察(관찰)
(수수방관)	幄手(악수)	(방약무인)	壯觀(장관)

※**傍系血族**(방계혈족): 자기와 같은 시조로부터 갈려 나간 혈족. 백숙부모·형제 자매·조카 등.

袖口 袖納 袖手傍觀

手帖 手相 手話 幄手

傍系血族 傍若無人

觀光 觀心 觀察 壯觀

사고무친	四顧無親
8급 3급	5급 6급

四顧無親

넉 사	돌아볼 고	없을 무	친할 친

四 口 冂 四 四 四
顧顧顧顧顧顧顧顧顧顧
無無無無無無無無無無
親親親親親親親親親親

뜻 ①의지할 만한 사람이 도무지 없어서 몹시 외롭다는 말. ②의지할 친척이 전혀 없다는 말.
주해 '사방을 돌아보아도〔四顧〕 친척이 없다〔無親〕'는 뜻으로, 의지할 만한 데가 전혀 없음을 이르는 말.
예 四顧無親의 외로운 신세.

*四苦八苦 (사고팔고) 四角形(사각형) 四柱(사주)	顧慮(고려) 顧客(고객) 顧見(고견) 回顧(회고)	無任(무임) 無條件(무조건) 無彩色(무채색) 無知(무지)	親舊(친구) 親睦(친목) 嚴親(엄친) 家親(가친)

*四苦八苦(사고팔고):인간의 온갖 괴로움.

四苦八苦 四角形

顧慮 顧客 顧見 回顧

無條件 無彩色 無知

親舊 親睦 嚴親 家親

四顧無親

당동벌이	黨同伐異
4급Ⅱ 7급	4급Ⅱ 4급

黨同伐異

| 무리 당 | 한가지 동 | 칠 벌 | 다를 이 |

黨黨黨黨黨黨黨黨黨黨黨
同同同同同同

伐伐伐伐伐伐
異異異異異異異異異異異

뜻 ①옳고 그름을 가리지 않고 같은 의견(意見)의 사람끼리 한패가 되고 다른 의견의 사람은 물리친다는 말. 줄여서 '黨伐'이라고도 함. ②같은 당파의 사람들이 단결하여 다른 당을 배척(排斥)하는 일.

黨員(당원)	同志(동지)	伐木(벌목)	異見(이견)
黨職(당직)	同姓(동성)	*不伐己長	差異(차이)
黨首(당수)	同鄕(동향)	(불벌기장)	表裏不同
脫黨(탈당)	同窓(동창)	濫伐(남벌)	(표리부동)

*不伐己長(불벌기장): 자기의 장점을 자랑하지 않음.

黨員 黨職 黨首 脫黨

同志 同姓 同鄕 同窓

伐木 不伐己長 濫伐

異見 差異 表裏不同

발본색원	拔本塞源
3급　　　6급	3급　　　4급

拔 本 塞 源

뽑을 발	뿌리 본	막을 색(새)	근원 원
拔拔拔扙拔拔拔	本十才木本	寒寒寒寒寒寒寒寒寒	源源源源源源源源源

뜻 사물(事物)의 폐단(弊端)을 없애기 위해서 그 뿌리째 뽑아 버림을 이르는 말.

주해 拔本塞源은 근본(根本)을 뽑아 버리고 원천을 막아 버린다는 뜻으로, 후환이 없도록 근본적인 처방(處方)을 한다는 것이다.

拔群(발군)	本來(본래)	塞源(색원)	源泉技術(원천기술)
拔萃(발췌)	本性(본성)	要塞(요새)	源流(원류)
選拔(선발)	本末(본말)	塞翁之馬(새옹지마)	根源(근원)
拔根(발근)	根本(근본)		

拔群　拔萃　選拔　拔根

本來　本性　本末　根本

塞源　要塞　塞翁之馬

源泉技術　源流　根源

拔本塞源

부창부수	夫唱婦隨

7급　　5급　　4급Ⅱ　　3급Ⅱ

夫唱婦隨

남편 부　노래부를 창　아내 부　따를 수

뜻 가정에서의 부부 화합의 도리를 이르는 말.
주해 '남편이 노래부르고〔夫唱〕아내가 이에 따른다〔婦隨〕'는 뜻. 부부의 화합(和合)하는 도리를 일컫는 말로, 남편이 계획을 세우면 아내도 의견을 내세우는 등 조화롭게 어울리는 것이 夫唱婦隨이다.

夫婦(부부)　唱歌(창가)　婦女(부녀)　隨時(수시)
農夫(농부)　唱劇(창극)　姑婦(고부)　隨筆(수필)
大丈夫(대장부)　唱法(창법)　産婦人科　隨行(수행)
拙丈夫(졸장부)　主唱(주창)　(산부인과)　附隨(부수)

農夫　大丈夫　拙丈夫

唱歌　唱劇　唱法　主唱

婦女　姑婦　産婦人科

隨時　隨筆　隨行　附隨

내우외환 內憂外患

內	憂	外	患
7급	3급Ⅱ	8급	5급
안 내	근심 우	바깥 외	근심 환

뜻
① 나라 안팎의 여러 가지 어려운 사태를 이르는 말.
② 인간은 항상 근심 속에 살고 있다는 말.

주해 '내부(內部)에서 일어나는 근심〔內憂〕과 외부(外部)로부터 받는 근심〔外患〕'이란 뜻으로, '나라 안의 근심이나 분쟁과 나라 밖으로부터의 환난'이라는 뜻으로도 쓰인다.

內閣(내각)　憂愁(우수)　外傷(외상)　患部(환부)
內亂(내란)　憂患(우환)　外界人(외계인)　患者(환자)
內通(내통)　憂慮(우려)　*外柔內剛　患候(환후)
內包(내포)　杞憂(기우)　(외유내강)　後患(후환)

***外柔內剛**(외유내강): 겉으로 보기에는 부드러우나 속은 강함.

內閣　內亂　內通　內包
憂愁　憂患　憂慮　杞憂
外界人　外柔內剛
患部　患者　患候　後患

독불장군	獨不將軍

5급　7급　4급Ⅱ　8급

獨 不 將 軍

홀로 독　아닐 불　장수 장　군사 군

뜻 ①모든 일은 함께 도와서 해야 함을 이르는 말. ②자기 멋대로 일을 처리하는 사람을 이름. ③고립된 처지에 있는 사람을 이르는 말.

주해 '혼자서는 장군을 못한다'는 뜻으로, 남의 의견을 무시하고 혼자 모든 일을 처리하는 사람을 비유하는 말. 혼자서는 다 잘할 수 없으므로 남과 협조해야 한다는 뜻을 담고 있음.

獨也靑靑(독야청청)	不純(불순)	將帥(장수)	軍服(군복)
獨身(독신)	不服(불복)	將來(장래)	軍樂隊(군악대)
獨唱(독창)	不死鳥(불사조)	勇將(용장)	軍醫官(군의관)
	不服從(불복종)	大將(대장)	軍需品(군수품)

매란국죽		梅蘭菊竹	
3급Ⅱ	3급Ⅱ	3급Ⅱ	4급Ⅱ
梅	蘭	菊	竹
매화 매	난초 란	국화 국	대나무 죽

梅十梅枚梅梅梅梅 菊芍苟苟菊菊菊
蘭蘭蘭蘭蘭蘭蘭蘭 竹竹竹竹竹竹

뜻 매화·난초·국화·대나무를 말함.
주해 세한삼우(歲寒三友) 중의 매화와 대나무에 국화와 난초를 더한 것으로 명나라 때 진계유(陳繼儒)가《매란국죽사보(梅蘭菊竹四譜)》에서 梅蘭菊竹을 사군자(四君子)라 부른 데서 유래.

梅鳥(매조)	蘭草(난초)	菊花(국화)	竹杖(죽장)
梅毒(매독)	洋蘭(양란)	菊半(국반)	松竹(송죽)
梅香(매향)	※金蘭之交	菊半截(국반절)	竹馬故友
紅梅(홍매)	(금란지교)	小菊(소국)	(죽마고우)

※**金蘭之交**(금란지교): 친구 사이의 매우 도타운 사귐.

梅	鳥	梅	毒	梅	香	紅	梅
蘭	草	洋	蘭	金	蘭	之	交
菊	花	菊	半	截	小	菊	
竹	杖	松	竹	竹	馬	故	友

梅	蘭	菊	竹
梅	蘭	菊	竹
梅	蘭	菊	竹
梅	蘭	菊	竹

만사휴의　萬事休矣

8급　7급　7급　3급

萬 事 休 矣

일만 만　일 사　그칠 휴　어조사 의

萬萬萬萬萬萬萬萬萬　休休休什休休
亠亓亓亘事事事事　矣矣矣矣矣矣矣

뜻 어떻게 손을 써 볼 도리가 없음을 가리키는 말. 무슨 수를 쓴다 해도 도무지 가망이 없음.

주해 '모든 일〔萬事〕이 끝났다〔休矣〕'는 말로, 원나라 때 황제의 명으로 편찬된《송사(宋史)》형남고씨세가(荊南高氏世家)에서 유래.

| 萬里長城
(만리장성)
千不當萬不當
(천부당만부당) | 事情(사정)
事由(사유)
事理(사리)
婚事(혼사) | 休日(휴일)
休暇(휴가)
休學(휴학)
休息(휴식) | 萬事休矣
(만사휴의) |

萬里長城　千不當萬

事情　事由　事理　婚事

休日　休暇　休學　休息

萬事休矣

난형난제	難兄難弟
4급Ⅱ　　8급	4급Ⅱ　　8급

難 兄 難 弟

어려울 난　형 형　어려울 난　아우 제

難難難難難　兄兄兄兄兄
難難難難難　弟弟弟弟弟

뜻 양자(兩者) 중에 어느 편이 낫다고 판단할 수 없는 경우에 쓰이는 말.

주해 '형 노릇 하기도 어렵고〔難兄〕 동생 노릇 하기도 어렵다〔難弟〕'는 뜻으로, "원방도 형 되기가 어렵고 계방도 동생 되기가 어렵다*(元方難爲兄 季方難爲弟)" 라는 말에서 유래.

| 難攻不落
(난공불락)
難關(난관)
難色(난색) | 兄弟(형제)
兄嫂(형수)
義兄弟(의형제)
兄夫(형부) | 難工事(난공사)
難治病(난치병)
難航(난항)
難解(난해) | 弟夫(제부)
妹弟(매제)
師弟之間
(사제지간) |

＊元方難爲兄 季方難爲弟(원방난위형 계방난위형)

難 攻 不 落 難 關 難 色

兄 嫂 義 兄 弟 兄 夫

難 工 事 難 治 病 難 航

弟 夫 妹 弟 師 弟 之 間

개과천선	改過遷善
5급 5급	3급 5급

改過遷善

고칠 개 　 허물 과 　 옮길 천 　 착할 선

뜻 잘못을 고쳐 착하게 됨.
주해 改過遷善은 허물을 고쳐 착하게 바꾼다는 뜻으로, 잘못 들어선 길을 버리고 착한 사람으로 다시 태어나겠다는 결의를 실천하여 마침내 이룩함을 이르는 말.
비 개과자신(改過自新).

改良(개량)	過去(과거)	遷都(천도)	善惡(선악)
改造(개조)	過勞(과로)	遷職(천직)	善道(선도)
改善(개선)	過失(과실)	變遷(변천)	善隣(선린)
改革(개혁)	過程(과정)	左遷(좌천)	獨善(독선)

改良　改造　改善　改革

過去　過勞　過失　過程

遷都　遷職　變遷　左遷

善惡　善道　善隣　獨善

거두절미	去頭截尾
5급　　6급	1급　　3급

去頭截尾

| 버릴 거 | 머리 두 | 자를 절 | 꼬리 미 |

去去去去去
頭頭頭頭頭頭頭頭頭
截截截截截截截截截
尾尾尾尾尾尾

뜻 쓸데없는 군더더기는 빼고 핵심만 취한다는 뜻임.
주해 '머리와 꼬리는 잘라 버린다'는 뜻으로, 앞뒤의 사설(辭說)은 빼고 요점만 말함을 비유한 말. 정작 중요한 요소는 빼 놓고, 이것저것 군더더기만 늘어 놓다 보면 진짜 하고 싶었던 말이나 일은 놓쳐 버리는 수가 있을 때 쓰는 말.

去勢(거세)	頭蓋骨(두개골)	截取(절취)	尾燈(미등)
去就(거취)	石頭(석두)	截頭(절두)	尾骨神經
過去(과거)	*頭寒足熱	去頭截尾	(미골신경)
除去(제거)	(두한족열)	(거두절미)	尾行(미행)

*頭寒足熱(두한족열): 건강하려면 '머리는 차게, 발은 따뜻하게' 해야 한다는 뜻.

去勢 去就 過去 除去

頭蓋骨 頭寒足熱

截取 截頭 去頭截尾

尾燈 尾骨神經 尾行

去頭截尾

모순 – 矛盾		계륵 – 鷄肋	
2급	2급	4급	1급
矛	盾	鷄	肋
창 모	방패 순(돈)	닭 계	갈빗대 륵
矛矛矛矛矛	盾盾盾盾盾盾盾盾	鷄鷄鷄鷄鷄鷄鷄鷄	肋肋肋肋肋肋

뜻 ①말이나 행동이 앞뒤가 맞지 않음. ②논리학에서, 두 개의 개념이나 명제(命題) 사이의 의미. 내용이 서로 상반되는 관계. **주해** 矛盾은 '창과 방패'라는 뜻이다.

뜻 ①큰 소용은 못 되나 버리기는 아까운 사물을 이르는 말. ②몹시 허약한 몸을 비유하는 말. **주해** 닭의 갈비뼈. 닭의 갈비뼈는 먹을 것은 없으나 그래도 버리기는 아깝다는 뜻.

矛盾概念(모순개념) 矛戟(모극)	矛盾名辭(모순명사) 矛盾原理(모순원리)	養鷄場(양계장) 鷄舍(계사) *鷄鳴狗盜(계명구도)	鷄肋(계륵)

※鷄鳴狗盜(계명구도): 닭 소리와 개의 흉내로 남을 속이고 물건을 훔친다는 뜻. 즉, 천한 행동.

矛盾概念 矛戟

矛盾名辭 矛盾原理

養鷄場 鷄鳴狗盜

鷄肋

군계일학 群鷄一鶴

| 4급 | 4급 | 8급 | 3급Ⅱ |

群 鷄 一 鶴

| 무리 군 | 닭 계 | 한 일 | 학 학 |

뜻 여러 평범한 사람들 가운데 뛰어난 한 사람이 섞여 있음을 이르는 말.

주해 '닭의 무리〔群鷄〕 속에 끼여 있는 한 마리의 학〔一鶴〕' 이란 뜻으로, 무리 속에서 우뚝 솟아 있는 사람이나 매우 뛰어난 사람을 이르는 말.

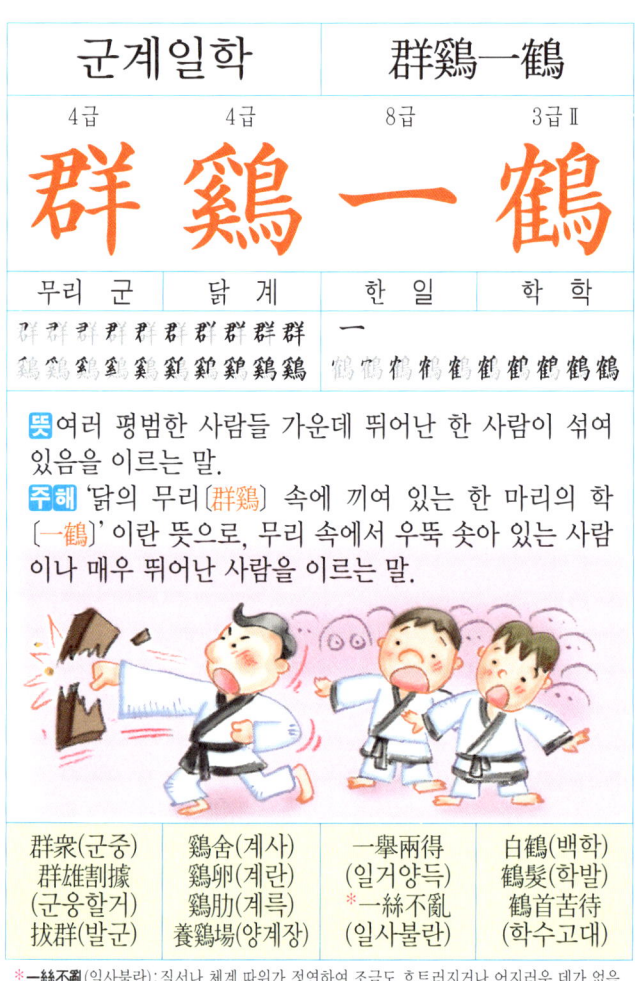

群衆(군중)	鷄舍(계사)	一擧兩得(일거양득)	白鶴(백학)
群雄割據(군웅할거)	鷄卵(계란)	*一絲不亂(일사불란)	鶴髮(학발)
拔群(발군)	鷄肋(계륵)		鶴首苦待(학수고대)
	養鷄場(양계장)		

*一絲不亂(일사불란): 질서나 체계 따위가 정연하여 조금도 흐트러지거나 어지러운 데가 없음.

群衆 群雄割據 拔群

鷄舍 鷄卵 養鷄場

一擧兩得 一絲不亂

白鶴 鶴髮 鶴首苦待

권선징악	勸善懲惡
	4급　5급　3급　5급

勸善懲惡

권할 권	착할 선	징계할 징	악 악(오)

뜻 착한 일을 권장하고 악한 짓을 징계함.
주해 선을 권하고 악을 나무란다는 뜻으로, 勸善懲惡은 고전 소설(古典小說)에서 많이 반영하였지만 오늘날의 소설이나 영화(映畵) 등의 단골 주제이다.

勸告(권고)	善意(선의)	懲戒處分	惡行(악행)
勸諭(권유)	善政(선정)	(징계처분)	惡漢(악한)
勸獎價格	性善說(성선설)	懲罰(징벌)	惡寒(오한)
(권장가격)	眞善美(진선미)	膺懲(응징)	凶惡(흉악)

勸	告	勸	諭	勸	獎	價	格
善	意	性	善	說	眞	善	美
懲	戒	處	分	懲	罰	膺	懲
惡	行	惡	漢	惡	寒	凶	惡

| 근묵자흑 | 近墨者黑 |

6급	3급	6급	5급
近	墨	者	黑
가까울 근	먹 묵	사람 자	검을 흑

近近近近近近近近
墨墨墨墨墨墨墨墨墨墨
者者者者者者者者者者
黑黑黑黑黑黑黑黑黑黑

뜻 사람은 주변의 환경이나 친구의 영향을 받게 됨.
주해 먹을 가까이하면〔近墨〕 검은〔黑〕 사람〔者〕이 된다는 뜻으로, 나쁜 사람과 가까이하면 물들기 쉬움을 이르는 말. **비**＊근주근묵(近朱近墨).

近視(근시)	墨客(묵객)	聖者(성자)	黑鉛(흑연)
近處(근처)	墨畵(묵화)	富者(부자)	黑字(흑자)
近來(근래)	墨筆(묵필)	患者(환자)	黑死病(흑사병)
遠近(원근)	墨香(묵향)	浮浪者(부랑자)	黑褐色(흑갈색)

※近朱近墨(근주근묵): 붉은 것에 가까이하면 붉어지고 검은 것에 가까이하면 검어진다.

近視 近處 近來 遠近

墨客 墨畵 墨筆 墨香

聖者 患者 浮浪者

黑鉛 黑死病 黑褐色

금상첨화	錦上添花
3급Ⅱ 7급	3급 7급

錦上添花

| 비단 금 | 위 상 | 더할 첨 | 꽃 화 |

錦錦錦錦錦錦錦錦
上上上
添添添添添添添添
花花花花花花花花

뜻 좋은 것 위에 더욱 좋은 것을 더한다는 뜻.
주해 비단 위(錦上)에 꽃을 더한다(添花)는 말로, 아름다운 것 위에 아름다움을 더하는 것이니 이보다 더 좋을 수는 없겠다. **반** 설상가상(雪上加霜).

| 錦衣還鄉
(금의환향)
錦繡江山
(금수강산) | 上流(상류)
上級(상급)
上昇(상승)
上策(상책) | 添削(첨삭)
添加(첨가)
添附(첨부)
添記(첨기) | 花冠(화관)
花瓶(화병)
鳳仙花(봉선화)
菊花(국화) |

錦衣還鄉 錦繡江山

上流 上級 上昇 上策

添削 添加 添附 添記

花冠 花瓶 鳳仙花

군웅할거	群雄割據
4급 5급	3급Ⅱ 4급

群 雄 割 據

무리 군 뛰어날 웅 가를 할 차지할 거

뜻 여러 영웅이 세력을 다투어 땅을 갈라 버티고 있음을 이르는 말.

주해 群雄割據는 많은 영웅들이 각각 한 지방에 웅거하여 세력을 과시하며 서로 다투는 그런 혼란스러운 상황을 이르는 말이다.

群鷄一鶴(군계일학)	雄辯(웅변)	割賦(할부)	據點(거점)
群衆(군중)	雄壯(웅장)	割引(할인)	雄據(웅거)
群像(군상)	英雄(영웅)	分割(분할)	依據(의거)
	雌雄(자웅)	卵割(난할)	根據(근거)

群鷄一鶴 群衆 群像

雄辯 雄壯 英雄 雌雄

割賦 割引 分割 卵割

據點 雄據 依據 根據

관혼상제 冠婚喪祭

3급Ⅱ	4급	3급Ⅱ	4급Ⅱ
갓 관	혼례 혼	제사 상	제사 제

뜻 관례(冠禮)·혼례(婚禮)·상례(喪禮)·제례(祭禮) 등의 네 가지 예를 두고 말함.

주해 冠禮는 옛날, 아이가 어른이 될 때 올리던 예식. 남자는 갓을 쓰고 여자는 쪽을 쪘음. 婚禮는 혼인(婚姻)의 예절(禮節). 喪禮는 상중(喪中)의 예절. 祭禮는 제사(祭祀)의 예절을 말함.

冠禮(관례)	婚禮(혼례)	喪家(상가)	祭祀(제사)
鷄冠(계관)	婚姻(혼인)	喪主(상주)	祭物(제물)
衣冠(의관)	婚事(혼사)	喪服(상복)	祭典(제전)
祭冠(제관)	結婚式(결혼식)	初喪(초상)	祝祭(축제)

冠	禮	鷄	冠	衣	冠	祭	冠
婚	禮	婚	姻	結	婚	式	
喪	家	喪	主	喪	服	初	喪
祭	祀	祭	物	祭	典	祝	祭

고량진미	膏粱珍味

1급 3급 4급 4급Ⅱ

膏 粱 珍 味

기름 고 기장 량 진귀할 진 맛 미

뜻 살진 고기와 좋은 곡식으로 만든 맛있는 음식.
주해 膏는 기름지고 살진 고기를 뜻하고, 粱은 조보다 낟알이 굵은 기장을 말한다. 珍味는 진귀한 맛이니까 膏粱珍味는 살진 고기와 좋은 곡식으로 만든 훌륭한 음식을 말한다. **비** 산해진미(山海珍味).

| 膏粱珍味
(고량진미)
※膏粱子弟
(고량자제) | 粱肉(양육)
膏粱珍味
(고량진미) | 珍珠(진주)
珍貴(진귀)
珍羞盛饌
(진수성찬) | 味覺(미각)
興味(흥미)
趣味(취미)
意味(의미) |

※**膏粱子弟**(고량자제): 귀염을 받으며 자라서 고생을 모르는 부귀한 집안의 젊은이.

교각살우 矯角殺牛

3급 6급 4급Ⅱ 5급

矯角殺牛

바로잡을 교 뿔 각 죽일 살 소 우

뜻 결점이나 흠을 고치려다 수단이 지나쳐서 도리어 일을 그르침.

주해 '소의 뿔 모양을 바로잡으려다가〔矯角〕소를 죽인다〔殺牛〕'는 뜻으로, 작은 흠이나 결점을 고치려다가 도리어 일을 그르치는 것을 이르는 말.

矯導所 (교도소)
矯正視力 (교정시력)
角質(각질)
角度(각도)
總角(총각)
五角形(오각형)
寸鐵殺人 (촌철살인)
殺氣(살기)
銃殺(총살)
牛耳讀經 (우이독경)
牛黃(우황)
牽牛(견우)

矯導所 矯正視力

角度 總角 五角形

寸鐵殺人 殺氣 銃殺

牛耳讀經 牛黃 牽牛

| 난공불락 | 難攻不落 |

4급Ⅱ	4급	7급	5급
難	攻	不	落
어려울 난	칠 공	아니 불	떨어질 락

難難難難難難難難難
攻攻攻攻攻攻攻
不不不不
落落落落落落落落落

뜻 공격하기 어려워 좀처럼 함락되지 않음.
주해 難攻不落은 공격하기도 어렵고 함락시키기도 어렵다는 뜻으로서, 도저히 이루기 어려운 일을 말할 때도 쓰기도 한다.

難兄難弟 (난형난제)	攻擊(공격)	不信(불신)	落葉(낙엽)
難關(난관)	攻襲(공습)	不敬(불경)	落下傘(낙하산)
困難(곤란)	挾攻(협공)	不滿(불만)	墜落(추락)
	力攻(역공)	不和(불화)	下落(하락)

難	兄	難	弟	難	關	困	難
攻	擊	攻	襲	挾	攻	力	攻
不	信	不	敬	不	滿	不	和
落	葉	落	下	傘	墜	落	

難 攻 不 落

누란지위	累卵之危
3급　　4급	3급Ⅱ　　4급

累卵之危

포갤 루	알 란	어조사 지	위태로울 위
累累累累累累累累累累	卵卵卵卵卵卵卵	之之之	危危危危危危

뜻 조금만 건드려도 쓰러질 것 같은 아슬아슬한 상태를 이르는 말.
주해 포개놓은 알〔累卵〕처럼 무너지기 쉽고 위태로운 상태〔之危〕라는 뜻. **비** 누란지세(累卵之勢).

累計(누계)	鷄卵(계란)	伯仲之勢	危險(위험)
累積(누적)	排卵(배란)	(백중지세)	危殆(위태)
累進稅(누진세)	一卵性 雙生兒	自中之亂	危機(위기)
連累(연루)	(일란성 쌍생아)	(자중지란)	危險(위험)

累計 累積 累進稅

鷄卵 一卵性 雙生兒

伯仲之勢 自中之亂

危險 危殆 危機 危險

만수무강 萬壽無疆

萬	壽	無	疆
8급	3급Ⅱ	5급	2급
일만 만	목숨 수	없을 무	지경 강

뜻 수명이 끝없이 긴 것을 이르는 말.

주해 萬壽無疆은 '만년을 살아도 수명은 끝이 없다'는 뜻으로, 목숨이 한없이 길다는 것을 말한다. 젊은 사람들이 덕담으로 어른들에게 장수하기를 빌 때 쓰이는 말인데, 《시경(詩經)》〈빈풍〉의 '칠월'에 나오는 말.

萬事(만사)   壽命(수명)   無知莫知   疆界(강계)
萬歲(만세)   壽福(수복)   (무지막지) 疆域(강역)
萬古江山   長壽(장수)   傍若無人   疆土(강토)
(만고강산)   天壽(천수)   (방약무인)

萬事 萬歲 萬古江山
壽命 壽福 長壽 天壽
無知 莫知 傍若無人
疆界 疆域 疆土

萬壽無疆

237

반골 – 反骨

6급 **4급**

反骨

모반할 반　뼈 골

反 反 反 反
骨 骨 骨 骨 骨 骨 骨 骨 骨

뜻 권세나 권위에 타협하지 않고 저항하는 기골을 이르는 말.

주해 '뼈가 거꾸로 솟아 있다'는 뜻으로, 세상의 풍조 따위에 타협하지 않음.

反對(반대)	骨髓分子
反抗(반항)	(골수분자)
反省(반성)	骨董品(골동품)
反逆(반역)	骨折(골절)

경원 – 敬遠

5급 **6급**

敬遠

공경할 경　멀 원

敬 敬 敬 敬 敬 敬 敬 敬 敬
遠 遠 遠 遠 遠 遠 遠 遠 遠

뜻 겉으로는 공경하는 체하면서 가까이 하지는 않음.

주해 경이원지(敬而遠之)라고도 함. 즉, 존경을 하는 듯해도 속으로는 못마땅하게 생각한다는 뜻임.

敬愛(경애)	遠近法(원근법)
敬賀(경하)	遠視(원시)
尊敬(존경)	遠景(원경)
恭敬(공경)	遠征(원정)

反對　反抗　反省　反逆

骨髓　骨董品　骨折

敬愛　敬賀　尊敬　恭敬

遠近法　遠景　遠征

불철주야 不撤晝夜

7급	2급	6급	6급
不	撤	晝	夜
아닐 불(부)	그만둘 철	낮 주	밤 야

不不不不
撤撤撤撤撤撤撤撤

晝晝晝晝晝晝晝晝晝
夜夜夜夜夜夜夜夜

뜻 조금도 쉴 사이 없이 일에 힘씀.
주해 '밤낮〔晝夜〕을 그만두지 않는다〔不撤〕'라는 뜻으로, 어떤 일을 쉴새없이 밤낮으로 계속하는 것.
예 不撤晝夜 학업에 정진하다. 不撤晝夜로 연구에만 몰두하다.

不導體(부도체)	撤去(철거)	晝間(주간)	夜間(야간)
不凍液(부동액)	撤軍(철군)	晝耕夜讀	夜盲症(야맹증)
不偏不黨	撤廢(철폐)	(주경야독)	夜學(야학)
(불편부당)	撤回(철회)	晝夜(주야)	夜勤(야근)

不導體 不凍液 偏黨

撤去 撤軍 撤廢 撤回

晝間 晝耕 夜讀 晝夜

夜盲症 夜學 夜勤

不撤晝夜

사모관대	紗帽冠帶

1급 2급 3급Ⅱ 4급Ⅱ

紗帽冠帶

갓 사 　모자 모 　갓 관 　띠 대

紗紗紗紗紗紗紗紗
帽帽帽帽帽帽帽帽
冠冠冠冠冠冠冠冠
帶帶帶帶帶帶帶帶

뜻 사모와 관대를 아울러 이르는 말.
주해 '紗帽'는 지난날, 관원이 관복을 입을 때 쓰던, 검은 사(紗)로 만든 모자를 말함. '冠帶'는 지난날, 벼슬아치들이 입던 공복(公服)으로, 오늘날에는 구식 혼례 때에 신랑이 예복으로 입음.

紗鍛(사단)　帽子(모자)　冠婚喪祭　帶劍(대검)
紗扇(사선)　帽帶(모대)　(관혼상제)　帶同(대동)
甲紗(갑사)　鐵帽(철모)　鷄冠(계관)　帶妻僧(대처승)
羅紗(나사)　冠帽(관모)　衣冠(의관)　玉帶(옥대)

상전벽해	桑田碧海
3급　　4급Ⅱ	3급Ⅱ　　7급

桑田碧海

| 뽕나무 상 | 밭 전 | 푸른 벽 | 바다 해 |

桑桑桑桑桑桑桑桑桑桑
冂冂田田田
碧碧碧碧碧碧碧碧
海海海海海海海海海

뜻 세상의 변화가 빠르거나 덧없음.
주해 '뽕나무밭(桑田)이 푸른 바다(碧海)가 되었다'라는 뜻으로, 세상이 몰라볼 정도로 바뀐 것. 세상의 모든 일이 엄청나게 변해 버린 것을 보고 비유한 말.
비 창상지변(滄桑之變), 碧海桑田(벽해상전).

滄桑之變 (창상지변)	田畓(전답)	碧玉(벽옥)	海峽(해협)
碧海桑田 (벽해상전)	田園(전원)	碧梧桐(벽오동)	海流(해류)
	*田夫之功 (전부지공)	靑山里碧溪水 (청산리벽계수)	海賊(해적) 雲海(운해)

*田夫之功(전부지공): 힘들이지 않고 이득을 보는 것. 어부지리(漁夫之利).

滄桑之變 碧海桑田

田畓 田園 田夫之功

碧玉 靑山里碧溪水

海峽 海流 海賊 雲海

桑田碧海

새옹지마	塞翁之馬
3급 3급	3급Ⅱ 5급

塞翁之馬

변방 새(색) | 늙은이 옹 | 어조사 지 | 말 마

塞塞塞塞塞塞塞塞塞 之之之
翁翁翁翁翁翁翁翁翁 丨厂厂戶馬馬馬馬馬

뜻 인생에 있어서 길흉화복(吉凶禍福)은 항상 바뀌어 미리 헤아릴 수가 없다는 뜻.

주해 원(元)나라의 승려 희회기(熙晦機)의 시에 '인간만사는 새옹의 말이다. 추침헌 가운데서 빗소리를 들으며 누워 있다*(人間萬事塞翁馬 推枕軒中聽雨眠).'라고 한 데서 유래.

要塞(요새)	翁主(옹주)	隔世之感	馬脚(마각)
窘塞(군색)	翁壻間	(격세지감)	馬牌(마패)
拔本塞源	(옹서간)	結者解之	馬耳東風
(발본색원)	翁姑(옹고)	(결자해지)	(마이동풍)

*人間萬事塞翁馬 推枕軒中聽雨眠(인간만사 새옹마 추침헌중청우면))

要塞 窘塞 拔本塞源

翁主 翁壻間 翁姑

隔世之感 結者解之

馬脚 馬牌 馬耳東風

순망치한	脣亡齒寒
3급　　　5급	4급Ⅱ　　5급

脣 亡 齒 寒

입술 순　망할 망　이 치　찰 한

脣脣脣脣脣脣脣脣脣
亡亡亡

齒齒齒齒齒齒齒齒齒齒
寒寒寒寒寒寒寒寒寒寒

뜻 서로 떨어질 수 없는 밀접한 관계라는 뜻.
주해 입술이 없으면〔脣亡〕이가 시리다〔齒寒〕는 뜻으로, 이해 관계가 서로 밀접하여 한쪽이 망하면 다른 한쪽도 무사하기 어려움을 비유하여 이르는 말. **비** 순치지국(脣齒之國).

脣齒音(순치음)　亡靈(망령)　齒科(치과)　寒波(한파)
脣瘡(순창)　*亡羊之歎　齒牙(치아)　寒氣(한기)
脣齒之國　(망양지탄)　齒骨(치골)　寒帶(한대)
(순치지국)　滅亡(멸망)　齒痛(치통)　酷寒(혹한)

*亡羊之歎(망양지탄): 양을 잃어버린 탄식으로, 학문의 길이 여러 갈래여서 힘이 미치지 못함.

脣齒音　脣齒之國

亡靈　亡羊之歎　滅亡

齒科　齒牙　齒骨　齒痛

寒波　寒氣　寒帶　酷寒

脣亡齒寒

243

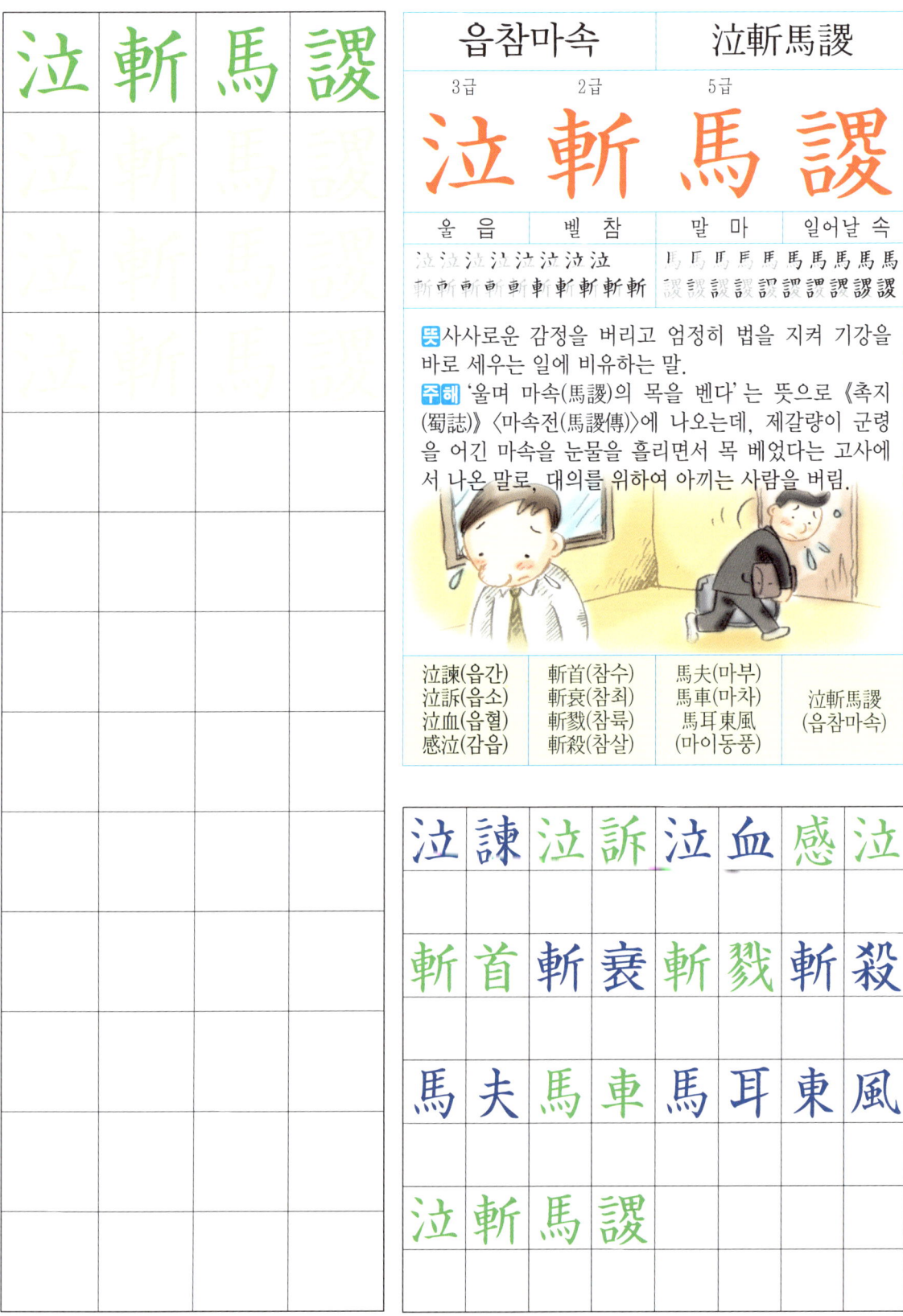

일도양단 一刀兩斷

8급　3급Ⅱ　4급Ⅱ　4급Ⅱ

一刀兩斷

한 일　칼 도　둘 량　끊을 단

一
刀刀

兩兩兩兩兩兩兩兩
斷斷斷斷斷斷斷斷斷

뜻 머뭇거리지 않고 일이나 행동을 선뜻 결정함을 비유하는 말.

주해 '한칼로 쳐서〔一刀〕 두 동강이를 낸다〔兩斷〕'는 뜻으로, 어떤 물건을 단칼에 두 동강을 내듯이 단번에 결정한다는 것.

一罰百戒 (일벌백계)
一擧兩得 (일거양득)
刀劍(도검)
單刀直入 (단도직입)
短刀(단도)
兩班(양반)
兩極(양극)
兩側(양측)
兩分(양분)
斷絕(단절)
斷交(단교)
斷言(단언)
切斷(절단)

一罰百戒 一擧兩得
刀劍 單刀直入 短刀
兩班 兩極 兩側 兩分
斷絕 斷交 斷言 切斷

一刀兩斷

일취월장 — 日就月將

8급	4급	8급	4급Ⅱ
日	就	月	將
날 일	나아갈 취	달 월	나아갈 장

뜻 날로 달로 나아가거나 발전해 나감.

주해 날로 나아가고 달로 나아간다는 日就月將은 《시경(詩經)》〈주송(周頌)〉의 '경지(敬之)'에 나오는 말로, 끝없이 노력하면 날마다 달마다 발전해 나아간다는 뜻임.

日程(일정)	就任(취임)	月給(월급)	將校(장교)
日記(일기)	就職(취직)	月經(월경)	將軍(장군)
一日如三秋 (일일여삼추)	就勞事業 (취로사업)	月例會(월례회) 歲月(세월)	將來(장래) 勇將(용장)

日程 一日如三秋

就任 就職 就勞事業

月給 月例會 歲月

將校 將軍 將來 勇將

자가당착 自家撞着

7급	7급	1급	5급
自	家	撞	着
스스로 자	집 가	부딪칠 당	붙을 착

뜻 언행의 앞뒤가 맞지 않음.

주해 自家撞着은 같은 사람의 말이나 행위가 앞뒤가 맞지 않아 조리에 어긋남을 이르는 말. 자기의 언행이 전후 모순되어 일치하지 않음을 이르는 말. **비** 자기모순(自己矛盾), 모순당착(矛盾撞着).

- 自招(자초)
- *自繩自縛(자승자박)
- 自白(자백)
- 家家戶戶(가가호호)
- 家率(가솔)
- 家庭(가정)
- 撞球(당구)
- 撞球臺(당구대)
- 撞球棒(당구봉)
- 撞球場(당구장)
- 着手(착수)
- 着想(착상)
- 着服(착복)
- 到着(도착)

*自繩自縛(자승자박): 자기가 한 말이나 행동 때문에 자기 자신이 구속되어 괴로움을 당하게 됨.

247

전화위복	轉禍爲福
4급 3급Ⅱ	4급Ⅱ 5급

轉禍爲福

바꿀 전 　재앙 화 　될 위 　복 복

뜻 어떤 불행한 일이라도 끊임없는 노력과 강인한 의지로 애쓰면 불행을 행복으로 바꾸어 놓을 수 있다는 말.
해 '재앙이 바뀌어(轉禍) 복이 된다(爲福).' 는 뜻으로, 실패를 발판으로 삼아 성공으로 이끈다는 적극적인 의지가 담겨 있는 말이다.

轉役(전역)	禍根(화근)	行爲(행위)	福祉(복지)
運轉(운전)	禍福(화복)	所爲(소위)	福德房(복덕방)
反轉(반전)	戰禍(전화)	*無爲徒食	祝福(축복)
回轉(회전)	災禍(재화)	(무위도식)	壽福(수복)

*無爲徒食(무위도식): 아무 하는 일 없이 먹고 놀기만 함.

표리부동	表裏不同

6급	3급Ⅱ	7급	7급
表	裏	不	同
겉 표	속 리	아니 부(불)	같을 동

表 十 丰 表 表 表 表 表
裏 亠 宁 市 审 重 重 重 裏 裏

不 不 不 不
同 冂 冂 冋 同 同

뜻 마음이 음충맞아서 겉과 속이 다름. 마음이 음흉하여 겉과 속이 다르거나 말과 행동이 다름을 가리킴.
주해 겉[表]과 속[裏]이 같지 않음[不同]이란 뜻으로, '겉다르고 속 다르다'는 말이다. **반** 표리일치(表裏一致), 표리상응(表裏相應).

表象(표상)　裏面(이면)　不可抗力　同窓(동창)
表現(표현)　裏書(이서)　(불가항력)　同苦同樂
表情(표정)　腦裏(뇌리)　不撤晝夜　(동고동락)
發表(발표)　表裏(표리)　(불철주야)　同伴(동반)

表象　表現　表情　發表

裏面　裏書　腦裏　表裏

不可抗力　不撤晝夜

同窓　同苦　同樂　同伴

表裏不同

청출어람 靑出於藍

靑 出 於 藍

| 푸를 청 | 날 출 | 어조사 어(오) | 쪽풀 람 |

靑靑靑靑靑靑靑   於於於於於於於
｜ 亠 屮 出 出   藍藍藍藍藍藍藍藍

뜻 제자나 후배가 스승이나 선배보다 더 뛰어남을 이르는 말.

주해 '쪽〔藍〕에서 나온 푸른 물감이 쪽빛보다 더 푸르다'는 뜻으로, 靑出於藍은 제자가 스승보다 더 나음을 비유하여 이르는 말.

| *獨也靑靑
(독야청청)
靑天白日
(청천백일) | 出發(출발)
出世(출세)
出仕(출사)
出張(출장) | 於是乎(어시호)
於乎(오호)
於腹點
(어복점) | 籃輿(남여)
靑出於藍
(청출어람) |

※ **獨也靑靑**(독야청청): 홀로 높은 절개를 지켜 늘 변함이 없음.

獨也靑靑　靑天白日

出發 出世　出仕 出張

於是乎 於乎　於腹點

籃輿　靑出於藍

허장성세 虛張聲勢

4급Ⅱ	4급	4급Ⅱ	4급Ⅱ
虛	張	聲	勢
빌 허	펼칠 장	소리 성	세력 세

뜻 실력이 없으면서 허세를 부리는 것.

주해 '비어 있고 과장된〔虛張〕 형세로 소리를 낸다〔聲勢〕'는 뜻으로, 약하지만 강한 것처럼 가장하여 실속은 없으면서 큰소리를 치거나 헛소문과 허세로 떠벌린다는 말.

- 虛勢(허세)
- 虛弱(허약)
- 虛脫(허탈)
- 空虛(공허)
- 誇張(과장)
- 緊張(긴장)
- 擴張(확장)
- 張本人(장본인)
- 聲量(성량)
- 聲樂(성악)
- 聲優(성우)
- 假聲(가성)
- 勢力(세력)
- 權勢(권세)
- 威勢(위세)
- 氣勢(기세)

화룡점정	畵龍點睛
6급 4급	4급 1급

畵 龍 點 睛

| 그릴 화(획) | 용 룡 | 점찍을 점 | 눈동자 정 |

뜻 가장 중요한 부분을 완성하여 일을 끝냄.
주해 용을 그릴 때〔畵龍〕마지막으로 눈동자를 그려〔點睛〕완성시킨다는 뜻으로, 가장 요긴한 부분을 마치어 일을 끝냄을 이르는 말. "눈동자를 그리면 용이 날아가 버리기 때문이다."라는 고사에서 유래.

畵家(화가)	龍顔(용안)	點檢(점검)	畵龍點睛
畵壇(화단)	登龍門(등용문)	點燈(점등)	(화룡점정)
風景畵(풍경화)	龍頭蛇尾	點火(점화)	
劃數(획수)	(용두사미)	點呼(점호)	

환골탈태 換骨奪胎

換	骨	奪	胎
3급Ⅱ	4급	3급	3급Ⅱ
바꿀 환	뼈 골	빼앗을 탈	아이 밸 태

뜻 남의 것을 자기 나름의 새로움을 살려 자기 작품으로 만듦. 또는, 용모가 변하여 전보다 좋아짐.

주해 '뼈를 바꾸고〔換骨〕태를 빼낸다〔奪胎〕'는 뜻으로 몸과 얼굴이 몰라볼 만큼 좋게 변한 것을 비유하는 말.

換穀(환곡) 骨髓分子(골수분자) 奪取(탈취) 胎敎(태교)
換氣(환기) 骨軟化症(골연화증) 强奪(강탈) 胎夢(태몽)
換算(환산) 收奪(수탈) 胎生(태생)
交換(교환) 掠奪(약탈) 胎動(태동)

換穀 換氣 換算 交換

骨髓分子 骨軟化症

奪取 强奪 收奪 掠奪

胎敎 胎夢 胎生 胎動

換骨奪胎

| 후안무치 | 厚顔無恥 |

厚顔無恥
4급　　3급Ⅱ　　5급　　3급Ⅱ

두터울 후　얼굴 안　없을 무　부끄러울 치

厚厚厚厚厚厚厚厚厚
顔顔顔顔顔顔顔顔顔
無無無無無無無無無
恥恥恥恥耳耳耳耳耳

뜻 뻔뻔스러워 부끄러워할 줄 모름.
주해 '얼굴이 두껍고〔厚顔〕 부끄러움이 없다〔無恥〕'라는 뜻으로, 부끄러운 짓을 하고도 얼굴에 부끄러운 기색이 없음을 이르는 말.
예 厚顔無恥한 인물.

厚待(후대)	顔色(안색)	無知莫知	恥辱(치욕)
厚德(후덕)	顔料(안료)	(무지막지)	羞恥心(수치심)
厚生(후생)	顔面不知	無嫌疑(무혐의)	國恥日(국치일)
濃厚(농후)	(안면부지)	無責任(무책임)	廉恥(염치)

厚待　厚德　厚生　濃厚
顔色　顔料　顔面不知
無知莫知　嫌疑　責任
恥辱　羞恥心　國恥日

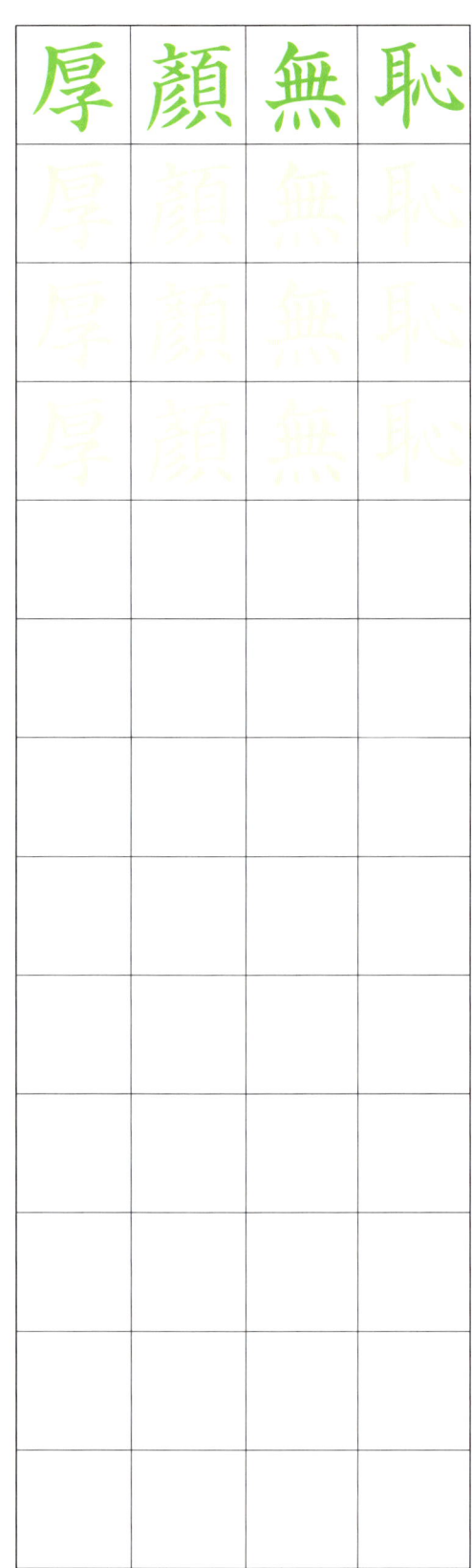

★ 이 책에 나오는 고사성어입니다.
읽고 뜻을 말해 보세요. 아는 고사성어
에는 밑줄을 그어 보세요.

一字千金　作心三日　正正堂堂　一片丹心　三日天下　甲男乙女
九牛一毛　九尺長身　氷山一角　三水甲山　水魚之交　才子佳人
天干地支　他山之石　八方美人　一心同體　一字無識　以心傳心
一罰百戒　是是非非　三尺童子　烏合之卒　一日如三秋　三昧境
四柱八字　南男北女　五十步百步　似而非　漁夫之利　張三李四
月下老人　自手成家　鳥足之血　朝三暮四　知行合一　竹馬故友
天生緣分　天長地久　青天白日　兄友弟恭　虎視眈眈　酒池肉林
知彼知己百戰不殆　針小棒大　天佑神助　和而不同　敗家亡身
破竹之勢　仁者無敵　一葉片舟　老馬之智　四書三經　男女有別
起死回生　三綱五倫　甘言利說　見物生心　犬馬之勞　結者解之
空山明月　權不十年　固執不通　四分五裂　苦肉之策　刮目相對
骨肉相爭　金石盟約　巧言令色　高枕安眠　醉生夢死　天高馬肥
七顚八起　天方地軸　千篇一律　易地思之　緣木求魚　世俗五戒
四通八達　千載一遇　四面楚歌　士農工商　百聞不如一見　不惑
士氣衝天　氷炭之間　不肖小子　門前成市　文房四友　不可抗力
刎頸之交　武陵桃源　不可思議　傍若無人　白眉　孟母三遷之敎
白面書生　百年偕老　父傳子傳　附和雷同　背水陣　矛盾　登龍門　杜門不出　同床異夢　萬全之策　馬耳東風　莫上莫下　萬古江山　物外閑人　大同小異　男尊女卑　莫逆之友　聞一知十　百年之客　白衣從軍　百折不屈　百年河淸　百發百中　伯仲之勢

百尺竿頭	輔國安民	富貴在天	不問曲直	不遠千里	明鏡止水
名實相符	燈下不明	燈火可親	無知莫知	同病相憐	論功行賞
勞心焦思	怒發大發	多多益善	單刀直入	殺身成仁	大器晚成
落花流水	苛斂誅求	佳人薄命	刻舟求劍	感之德之	甘吞苦吐
甲論乙駁	隔世之感	見金如石	結草報恩	曲學阿世	空中樓閣
戰戰兢兢	過猶不及	管鮑之交	落張不入	沙上樓閣	吳越同舟
溫故知新	人面獸心	梁上君子	弱肉強食	羊頭狗肉	魚東肉西
五里霧中	榮枯盛衰	實事求是	樂山樂水	一擧兩得	切齒腐心
絕世佳人	流言蜚語	自中之亂	諸子百家	朝令暮改	漸入佳境
適者生存	賊反荷杖	一波萬波	立身揚名	一場春夢	事必歸正
衆口難防	進退維谷	滄海一粟	寸鐵殺人	泰然自若	好事多魔
鶴首苦待	咸興差使	螢雪之功	糊口之策	浩然之氣	惑世誣民
千衣無縫	有備無患	危機一髮	臥薪嘗膽	龍頭蛇尾	一瀉千里
牛耳讀經	識字憂患	三顧草廬	暗中摸索	阿鼻叫喚	死生有命
森羅萬象	袖手傍觀	四顧無親	黨同伐異	拔本塞源	夫唱婦隨
內憂外患	獨不將軍	梅蘭菊竹	萬事休矣	難兄難弟	改過遷善
去頭截尾	敬遠 鷄肋 古稀 杞憂	群鷄一鶴	勸善懲惡	捲土重來
近墨者黑	錦上添花	群雄割據	冠婚喪祭	膏粱珍味	矯角殺牛
難攻不落	累卵之危	萬壽無疆	不俱戴天之讐	反骨	不撤晝夜
紗帽冠帶	桑田碧海	塞翁之馬	脣亡齒寒	泣斬馬謖
一刀兩斷	日就月將	自家撞着	轉禍爲福	表裏不同	靑出於藍
虛張聲勢	畵龍點睛	換骨奪胎	厚顏無恥		